A dança dos mendigos. Desenho de Nathan Altman para o Ato II, 1920.

O Dibuk

Coleção Textos

Dirigida por:
João Alexandre Barbosa e J. Guinsburg

Equipe de realização – Organização, Tradução, Iconografia e Notas: J. Guinsburg; Revisão de texto: Gita K. Guinsburg; Revisão de provas: Plínio Martins Filho e Roney Cytrynowicz; Produção: Plinio Martins Filho; Capa: Amauri Tozzeto. Produção: Ricardo W. Neves, Sergio Kon e Lia N. Marques.

O Dibuk
ENTRE DOIS MUNDOS
Sch. An-Ski

Tradução, Organização e Notas de J. Guinsburg
Desenhos de Rita Rosenmayer

EDITORA PERSPECTIVA

Título original em ídiche
Tzvischen tzvei Velten – Der Dibuk

1ª ed., São Paulo, Perspectiva Editora Ltda., 1952.

2ª ed., São Paulo, Editora Brasiliense, 1965.

3ª ed., revista e ilustrada, acompanhada de trabalhos críticos sobre a peça e sua encenação

CIP-Brasil. Catalogação na Publicação
Sindicato Nacional dos Editores de Livros, RJ

A55d
An-Ski, Sch, 1863-1920
O dibuk : entre dois mundos / Sch An-Ski ; tradução J. Guinsburg. - 1. ed. - São Paulo : Perspectiva, 1988.
190 p. : il. ; 21 cm. (Textos ; 5)

Tradução de: Tzvischen tzvei velten : der dibuk
ISBN 978-85-273-0521-1

1. Teatro ídiche. I. Guinsburg, J. II. Título. III. Série.

18-47365

CDD:792
CDU:792

23/01/2018 24/01/2018

Textos 5
[PPD]

Direitos reservados em língua portuguesa a

EDITORA PERSPECTIVA LTDA.

Av. Brigadeiro Luís Antônio, 3025
01401-000 São Paulo SP Brasil
Telefax: (11) 3885-8388
www.editoraperspectiva.com.br
2018

*A Benno Milnitzky
e Rita Rosenmayer*

J.G.

SUMÁRIO

Nota de Edição	13
Um Autor, um Tema e uma Peça — *J. Guinsburg*	17
A Figura do *Dibuk* — *Harold Fischer*	29
Um Drama do Hassidismo — *Anatol Rosenfeld*	45
O DIBUK	59
Personagens	61
Ato I	63
Ato II	89
Ato III	105
Ato IV	121
Um Pássaro de Fogo — *Ruggero Jacobbi*	141
Uma Representação de *O Dibuk* — *J. Guinsburg*	143
O Dibuk — *Sábato Magaldi*	147
A Propósito da Peça *O Dibuk* — *Décio de Almeida Prado*	151
Sobre a Encenação de *O Dibuk* no Taib — *Décio de Almeida Prado*	155
Um *Dibuk* nas Asas do Absoluto — *J. Guinsburg*	159
Sensibilidade e Paixão no Fantástico *Dibuk* — *Jefferson Del Rios*	165
Glossário	169

NOTA DE EDIÇÃO

O Dibuk teve em português duas edições. Uma em 1952 e a outra em 1965. Há muitos anos, portanto, tornara-se o seu texto inencontrável para o nosso leitor. E a razão pela qual eu não o republiquei foi principalmente porque durante todo este tempo alimentava o projeto de incluí-lo numa coletânea de peças significativas da dramaturgia judaica. Infelizmente, até agora a idéia não pôde ser concretizada. Assim, julguei que não deveria adiar mais ainda uma edição que constantes solicitações aconselhavam, sem que isto signifique o abandono do projeto tão acalentado e tantas vezes postergado.

É claro que, tendo me decidido a reeditar a peça, não pude deixar de revê-la. Pois eu sabia que vários erros de imprensa e alguns saltos ou trocas de palavras constavam das páginas da última edição. Além do mais, como sugeriu Boris Schnaiderman em recente entrevista sobre as suas versões de obras russas e as constantes reelaborações que ele as submete, eu não poderia ver hoje o texto com os mesmos olhos com que o via há quase quarenta anos atrás, quando o traduzi. A questão não é apenas de incorreções, mas também de algumas opções.

Por exemplo, na época em que verti o drama de An-Ski, obra tão carregada de elementos lingüísticos, culturais, religiosos e ambientais específicos da sociedade judaica do ídiche e do *schtetl* (cidadezinha) da Europa Oriental, parti da consideração de que deveria hebraizar, e não idichizar nomes de personagens e designações rituais, religiosas, costumárias etc. que a língua ídiche deve ao idioma sagrado. Isto porque em ídiche a maior parte destes hebraísmos é grafada tal como na língua de raiz e porque me parecia haver maior afinidade eufônica do português com a prosódia sefaradita do hebraico moderno e não com a asquenazita, que no entanto é a do ídiche. Assim, escrevi Hanã e não Honen, Bátia em vez de Bássia, Henoc e não Henach, Nissin *ben* Rivká em vez de Nissen *ben* Rivke, *halá* e não *hale* e assim por diante.

Reexaminando a tradução, achei que não poderia manter um critério demasiado rígido neste particular, uma vez que tudo em *O Dibuk,* mesmo as referências hebraicas mais tradicionais, fala ídiche, respira o seu *lore,* o seu "saber", e o seu *folk,* o seu "povo". Por isto, e na medida em que inexistem em português níveis de possível equivalência, adotei uma solução mais aberta, aproximando as expressões, a sintaxe das falas e até o modo de narrar e dialogar, na sua pontuação interjetiva, na marcação de seu ritmo e na impostação de suas vozes, daquilo que seria talvez de molde a lembrar o ídiche. Não foi por outro motivo que suprimi em muitos casos o acento final do hebraico sefaradita, tornando a sua pronúncia menos oxítona e insinuando eventualmente o caráter mais proparoxítono que é próprio do hebraico asquenazita e do ídiche.

De outra parte, porém, não me prendi estritamente ao princípio da idichização. Usei da inflexão do hebraico sefaradita sempre que tal transcrição soasse melhor aos meus ouvidos, em português. Dir-se-á que houve incoerência de minha parte. Não há dúvida que a objeção procede. Mas creio não ser descabido alegar que a reconstrução de um texto, na sua passagem de uma língua para outra, só pode ser feita pelo uso livre de todos os recursos capazes de suscitar os principais elementos e efeitos poéticos do original. O arbítrio, desde que haja uma certa coerência interna na transposição estrutural, pode ser necessário para que a obra se reinstale como uma existência no novo meio. E foi o que guiou as minhas opções no meu trabalho com *O Dibuk.* Espero apenas que as imperfeições introduzidas não tenham prejudicado o meu propósito — o de render justiça a uma das mais impressionantes realizações do estro dramático ídiche e judeu, tornando-o visível em português. Mas o julgamento fica para o leitor ou o espectador.

J. G.

Rita Rosenmayer. 1987.

UM AUTOR, UM TEMA E UMA PEÇA
J. Guinsburg

Schloime Zainvil Rapaport, o autor de *O Dibuk*, conhecido no mundo literário judeu e russo sob o pseudônimo de Sch. An-Ski, nasceu na cidade de Vitebsk, em 1863. Filho de família de poucos recursos — o pai era um modestíssimo representante comercial e a mãe cuidava de uma taberna — cresceu entre camponeses e gente do povo.

Recebeu a educação judaica tradicional, primeiro no *heder*, uma espécie de escola de primeiras letras hebraicas, onde as crianças também aprendiam as práticas e os preceitos religiosos, se iniciavam na Torá com os comentários de Raschi (Rabi Salomão ben Isaac, 1040-1105), e depois na *ieschivá*, um como que seminário de estudos mais avançados, que giravam em torno do vasto *corpus* da legislação talmúdica e da exegese rabínica, principalmente.

Foi neste contexto que, à semelhança do que ocorria nesta época com numerosos jovens judeus da Europa Oriental, os olhos de An-Ski começaram a abrir-se para as "luzes" da Hascalá (Iluminismo judeu) que se filtravam crescentemente para dentro das ruelas do *schtetl* (cidadezinha) e dos guetos judaicos. Os racionalistas hebreus, com sua polêmica voltairiana ou ilustrada contra o medievalismo e o obscurantismo das formas dominantes na vida judaica de então e o seu avassalamento aos dogmas da ortodoxia religiosa, foram portadores de um ideário filosófico, social e político inspirado na Revolução

Francesa e nos movimentos de reforma e democratização que ela desencadeara. Secularizar-se, ilustrar-se, profissionalizar-se, europeizar-se, integrar-se nas culturas e nos valores dos povos em cujo seio o judeu vivia, dignificar e renovar o modo de existência do indivíduo e da coletividade israelita, era a pregação e a bandeira de luta dos *maskilim* (iluministas), nas pegadas do modelo liberal e burguês que lhes vinha do Ocidente, bem como de seus êmulos eslavos e russos.

Assim, ainda adolescente pôs-se a ler os escritores da Hascalá, em obras hebraicas sobretudo (os racionalistas judeus preferiam veicular suas idéias na "língua culta" e apenas começavam a recorrer ao "bárbaro jargão" popular, o ídiche). M. L. Lilienblum (1843-1910), uma das figuras de proa do "maskilismo", marcou particularmente este período da formação espiritual de An-Ski, com a narrativa autobiográfica *Hateot Neurim* ("Negros Pecados"), pintura magistral de uma vida de lutador social e do árduo itinerário por ele percorrido na formulação de seu pensamento e na propagação de seus ideais. Mas o impulso que este e outros escritos "iluministas" imprimiram no jovem não chegou a satisfazer-se apenas com os "esclarecimentos" e o saber da Ilustração judaica. Como tantos outros *ieschive-bokhirim* (rapazes, discípulos da *ieschiva*), foi tomado pela sede de conhecimentos que arrebatou todos aqueles filhos do gueto, da geração de An-Ski em especial, levando-os a transpor as fronteiras de sua comunidade e de sua cultura específicas, rumo a horizontes que lhes pareciam mais amplos...

Separados, devido às disciplinas tradicionais do ensino judaico, da língua, literatura e ciência russas, eles iam procurá-los como a um fruto proibido, na maioria das vezes às escondidas, sem que os pais soubessem. Estudavam a língua russa sem qualquer método, de maneira primitiva, simplesmente decorando frases inteiras dos livros de literatura, compreendiam mal o conteúdo ou o deformavam, pronunciando de tal modo as palavras que os russos "de verdade" só conseguiam compreendê-las com grande dificuldade. Liam assim Puchkin, estudavam as concepções de Pissarev, discutiam-nas sob todas as formas possíveis, entusiasmavam-se com os ingênuos romances radicais de Scheller-Mikhailov (1838-1900), travavam acirradas polêmicas, para determinar quem era maior: este último ou Dostoievski? Tudo o que logravam entender, convertia-se em algo que procuravam introduzir imediatamente na vida, pelo qual rompiam os laços de família que os prendiam ao "velho mundo" e se punham a construir a vida de uma nova maneira, conta Victor Tchernov, em seu livro sobre os *Militantes Judeus no Partido Socialista-Revolucionário*[1], ao caracterizar o meio e o movimento em que An-Ski se vira envolvido nestes primeiros passos para fora de seu ambiente de origem. E Tchernov prossegue o seu relato com as palavras do próprio An-Ski:

— Nós vivíamos, compreende-se, numa comuna — contava-me com um sorriso Semion Akimovitch (nome e patronímico russos de Sch. An-Ski) — isto queria dizer: nós todos passávamos fome igualmente... Nenhum de nós dispunha de uma fonte permanente de sustento. De vez em quando alguém conseguia umas aulas, um serviço qualquer, um par de rublos de uma caixa de ajuda a estudantes. Ficamos meses a fio nos alimentando unicamente de pão e chá; às vezes nem isto havia. Nossa atitude para com a nossa pobreza era não apenas de desdém filosófico, mas também de orgulhoso entusiasmo...
Tudo isso fazia parte do espírito daquela época. Semion Akimovitch me transmitiu o que lhe narrara pessoalmente o conhecido membro do Comitê Executivo da *Narodnia Volia* ("Vontade do Povo"), Lev Hartman, sobre os tempos de sua mocidade:
— Houve dias em que nós todos, os seis que morávamos num cômodo, tínhamos somente dois pares de sapatos. Quatro ficavam em casa esperando pelos sapatos do companheiro que devia voltar da cidade; os dois pares serviam a todos os seis...

Tal era a atmosfera que o jovem egresso da *ieschivá* respirava, na sua busca apaixonada de educação e progresso. Aos dezessete anos começou a aprender a língua russa, à qual estava pouco afeito até então, e a tomar contato mais estreito com a notável produção intelectual e literária que medrara neste idioma. An-Ski não tardou a cair sob a influência do pensamento radical. A crítica de Herzen, Bielinski, Tchernitchevski, Pissarev calou em seu espírito, atraindo sua atenção para as condições de existência do povo russo e as injustiças reinantes na sociedade em geral. Empolgado pelas tendências dominantes nos círculos *narodnikis* (populistas), também "foi ao povo", isto é, participou do movimento que no fim dos anos setenta e início da década de oitenta do século passado levou às aldeias e povoados do império czarista parte ponderável da jovem *intelligentsia* revolucionária com o objetivo de promover a instrução, despertar a consciência e agitar os problemas das massas camponesas, preparan-

[1]. O autor foi um dos principais líderes desta corrente partidária, que teve nele um de seus fundadores e, após a Revolução de Fevereiro de 1917, na Rússia, um de seus representantes no ministério de Kerenski.

do-as para uma ação política que instaurasse novas relações em todos os planos da vida coletiva, com base num tipo de socialismo agrário russo.

Em função desta militância, pôs-se a peregrinar por localidades e ocupações. Aprendeu os ofícios de alfaiate e encadernador, trabalhou em fábricas, foi mineiro no Don e mestre-escola em vilarejos da Lituânia, Rússia Branca e Ucrânia. No curso dessa vida errante, conviveu com o mundo gorkiano de vagabundos, carregadores, camponeses, operários e artesões — com toda a arraia miúda de oprimidos e espoliados pela autocracia imperial.

Ao mesmo tempo, mantinha contatos com elementos da intelectualidade "populista", correspondendo-se com Gleb Uspenski, que o chamou em 1882 a S. Petersburgo e o introduziu na imprensa ligada aos *narodniki*, para a qual passou a escrever. An-Ski estreou na literatura de ficção com *A História de uma Família*. Composta originalmente em ídiche e vertida para o russo pelo próprio autor, ela apareceu em 1884, no periódico judeu-russo *Vochsod*. A este relato, que alguns críticos colocam entre os melhores de sua lavra, seguiram-se *Na Taberna, No Pátio Senhoril, Em Nova Terra, Ovelhas*. Publicadas em jornais de língua russa, são narrativas que lembram, pelo halo de simpatia e bondade com que envolvem as figuras do povo, a literatura "populista" de Uspenski e Vladímir Korolenko. Trata-se de um *ethos* característico ao qual se acrescenta ainda, como um segundo traço peculiar, o realce dado a uma qualidade ética que seria inerente ao homem do povo e continuamente manifesta em sua existência. Assim, não é de se admirar que nas obras de An-Ski desse tempo, se possa notar, ao lado da descrição realista dos ambientes, o fino cinzelamento das personagens populares, quase sempre iluminadas por um lampejo de poesia.

Em 1892, An-Ski viu-se sob a mira da polícia czarista e para escapar-lhe, partiu para a Suíça, indo a seguir à Alemanha. Em 1894, transferiu-se para Paris onde exerceu o cargo de secretário do famoso teórico do populismo russo, P. Lavrov (1823-1900), até a morte deste revolucionário atuante, amigo de Marx e Engels, mas eclético em suas concepções filosóficas e sociológicas. Na capital francesa ainda, trabalhou na Escola Internacional em companhia de outros intelectuais russos ligados ao movimento democrático e socialista. O processo revolucionário entrava então, na Rússia, na fase ascensional que culminou com a explosão de 1905, e An-Ski, ligado ao Partido Socialista-Revolucionário, regressou à terra natal, onde desenvolveu intensa atividade política e jornalística.

Nesses primeiros anos do século XX também voltou a acentuar-se o interesse de An-Ski pela gente e pela cultura às quais pertencia por nascimento. É verdade que jamais se marginalizara inteiramente. Mas o foco principal de sua atenção estava situado fora, no "grande mundo". Como intelectual e militante de esquerda, absorvera-se nos problemas e nas lutas da nação russa como um conjunto, ainda que multinacional. Agora, porém, depois dessa longa dedicação quase exclusiva ao mundo não-judeu, sobretudo após o Caso Dreyfus começava a tornar-se cada vez mais sensível ao chamado das forças renascentistas que agitavam principalmente o judaísmo da Europa Oriental. Era a época em que principiavam a conjugar-se e a assumir feições mais definidas os esforços de renovação cultural e artística e os de libertação nacional e de reestruturação sócio-política. E An-Ski, sob a influência de I. L. Peretz, um dos três "clássicos" da moderna literatura ídiche, e sobretudo de Haim Jitlovski, amigo de infância de Zainvil, seu companheiro de lides políticas e pensador cuja contribuição foi marcante na ideologia do S. R. russo e do "nacionalismo do Galut" judeu, An-Ski encetou sua viagem de retorno à literatura judaica ou, mais especificamente, à ídiche.

Dedicou então sua pena ao jovem socialismo israelita, escrevendo numerosas canções de luta revolucionária, entre as quais "No Salgado Mar das Lágrimas Humanas" e "O Juramento", a chamada Marselhesa judaica e hino oficial do Bund ("Liga Geral dos Trabalhadores Judeus na Lituânia, Polônia e Rússia)". Desse período datam igualmente alguns de seus melhores trabalhos de ficção narrativa, quer em ídiche, quer em russo. Em 1904, iniciou a publicação, no *Vochsod*, dos *Pioneiros*, uma série de relatos sobre o Iluminismo judaico, a Hascalá, os tipos que o encarnaram, bem como os conflitos sociais que provocou. Além de uma peça em um ato, *Pai e Filho*, escreveu o romance *Na Nova Torrente*, uma narrativa sobre a revolução de 1905, e o poema *O Asmodeu*.

O surto de anti-semitismo programado e protegido pelos círculos governamentais e a série de violentos *pogroms* que estes promoveram após a frustrada rebelião de 1905, pronunciaram ainda mais o interesse de Rapaport pelo universo judeu e suas manifestações específicas no contexto do Leste europeu. E isto se traduziu, entre outras coisas, num labor de grande envergadura no campo da etnografia e do folclore israelitas.

Desde cedo, An-Ski sentiu-se atraído pelos produtos da cultura popular. Na infância e juventude, ouvira e guardara um rico repertório de histórias correntes entre a gente do povo. Mais tarde, em suas andanças, recolheu e anotou no ambiente eslavo farto material desta natureza. E, em consonância com seu engajamento no movimento dos *narodniki,* empreendeu uma síntese do caráter das criações folclorísticas russas e de suas próprias conclusões acerca do emprego deste acervo na literatura devotada à educação das massas, escrevendo o *Estudo sobre a Literatura Popular.* Ainda em língua russa, com base nos mesmos materiais, compôs dois livros que tiveram repercussão na época, sobretudo no meio "populista": *O Povo e o Livro* e *O Povo e o Rei,* valendo-lhe este último um processo por crime de lesa-majestade.

Durante a sua permanência no Ocidente europeu, estudou igualmente o folclore francês e chegou a esboçar um largo trabalho sobre *Folclore Sócio-político Comparado,* onde delinearia suas concepções sobre o tema epigrafado e apresentaria, à luz de um enfoque próprio, relações até então relegadas a segundo plano pela análise acadêmica. Mas as atividades políticas, literárias e jornalísticas, impediram-no de levar a cabo o projeto. Isto, porém, não arrefeceu o seu interesse por este campo de estudo e, ao concentrar novamente a atenção na vida judaica, sentiu-se desde logo atraído por seu folclore, um riquíssimo domínio da experiência e da expressão coletivas do povo judeu. Tratava-se de um setor quase inexplorado na época, sobretudo no que concernia ao espaço cultural dos *aschkenazim* da Europa Oriental, embora remontem a 1896-1898 e à iniciativa de um rabino alemão, Dr. Max Grunwald, "os exemplos pioneiros do estudo das formas populares e da história cultural judaica contemporânea", no dizer de Dov Noy[2]. Seja como for, neste caso específico, as primeiras investigações produ-

---

2. *Studies in Jewish Folklore,* offprint, Association for Jewish Studies, Cambridge, 1980.

ziram frutos imediatos e An-Ski publicou vários estudos sobre o assunto na *Ievreiskaia Entziklopedia*, no *Ievreiski Mir* e em outros veículos, como revistas e coletâneas.

Num destes trabalhos, estampado em 1908, em *Perejitaie* ("O Vivido"), um conjunto de ensaios em russo, An-Ski aborda o caráter de "A Criação Popular Judaica" e, curiosamente, parece antecipar as formulações que serão basilares na obra, hoje clássica, de Yehezkel Kaufmann sobre *A Religião de Israel*[3]. Diz ele:

> Na criação judaica, não apenas na produção poética popular, mas também na do legado nacional antigo (na forma em que chegou até nós), faltam quase todos os motivos básicos da criação poética popular dos outros povos civilizados (...) À poesia nacional e popular judaica são inteiramente estranhos motivos como a idealização da força física, o entusiasmo pelos azares da guerra, a celebração do heroísmo e das vitórias cavaleirescas — em geral lhe é estranho toda mesura diante da força física triunfante (...) O povo judeu, que trouxe ao mundo a idéia do monoteísmo, *adotou este culto na abertura da vida nacional, ainda antes que o povo lograsse criar para si deuses nacionais, uma cosmovisão pagã e uma lenda pagã* (...)[4]. A segunda razão do fenômeno acima mencionado é a forma excepcional e singular da vida nacional do povo judeu no curso dos últimos dois mil anos. Tendo perdido a sua terra, a vida estatal independente, perseguido e desarmado, o povo judeu não possuía chão para uma poesia heróica e, menos ainda, motivo para entusiasmar-se com as vitórias e proezas de conquistadores, heróis e cavaleiros de outros povos.

An-Ski, entretanto, não se contentou em aflorar os temas do folclore na pura discussão teórica ou especulativa. Nessa época, as pesquisas de campo em matéria de etnografia judaica careciam não só de um labor sistemático na coleta de elementos, mas até mesmo de bases e métodos seguros de investigação científica. Com tais objetivos, An-Ski organizou, em 1912, a Expedição Etnográfica Judaica, que durante três anos percorreu várias províncias do império russo, recolhendo da própria fonte po-

---

3. "(...) a religião israelita foi uma criação original do povo de Israel.

"Era absolutamente diferente de tudo o que o mundo pagão conheceu; sua visão do mundo monoteísta não tinha antecedentes no paganismo (...). Era a idéia fundamental de uma cultura nacional e enformou todos os aspectos dessa cultura desde o próprio início (...)", *Op. cit.*, p. 2, na edição da Schocken Books, N. York, 1972.

4. O grifo é meu. Cf. nota 3 *supra*.

pular, para um registro de ciência, os tesouros da criação cultural judaica.

Como resultado desse levantamento, An-Ski e seus colaboradores publicaram, em 1915, parte do Programa Etnográfico Judaico. Este trabalho, que se tornou um importante ponto de partida para a ciência do folclore judeu, particularmente em sua província leste-européia, compreende 2.307 perguntas que envolvem todos os aspectos da existência grupal e de suas produções peculiares, costumes, crenças, tradições, modismos, etc. Por outro lado, o acervo reunido permitiu concretizar, em 1916, uma instituição que já estava prevista no plano inicial de An-Ski, o Museu Etnográfico Judaico, cuja rica coleção se encontra atualmente no Museu Estatal de Leningrado para a Etnografia dos Povos da U.R.S.S.

É ainda na mesma época e no arrastão da mesma pesquisa folclorística que se originou a obra máxima de An-Ski no terreno da criação artística: *Entre Dois Mundos — O Dibuk; Uma Lenda Dramática*, como rezavam o título e subtítulo iniciais.

A idéia de *O Dibuk* me ocorreu em 1911, por ocasião de uma viagem à Volínia e à Podólia. Em Iarmolinetz, não havia onde alojar-se; por causa de uma feira ou não sei que outra causa, as duas ou três estalagens estavam lotadas: não foi possível conseguir quarto para Engel[5], nem para mim. Aconselharam-nos a pernoitar em casa de um ricaço da cidade que tinha uma larga mansão. Era um *hassid* (discípulo, beato) que ia uma vez por mês visitar o seu rabi (mestre hassídico) e nada fazia sem consultá-lo. O homem era pai de uma filha única, de dezesseis a dezoito anos, simpática, esbelta, com um rosto longo e pálido, e dois olhos profundos cor de cereja preta. Moça muito recatada, com os olhos sempre baixos e pensativos. Não falava quase. Só consegui tirar dela algumas palavras, pronunciadas tão docemente que mal foi possível ouvi-las. Mas na refeição do *schabat*, enquanto um jovem discípulo da *beit hamidrasch* (casa de estudos, sinagoga), de olhos azuis sonhadores e longos cachos laterais (*peies*) comia como convidado sabático[6], a jovem mudou inteiramente, ficou outra, como se houvesse se revestido de uma nova pele. Permanecia sempre em pé, trazendo os pratos da cozinha e os depondo diante de cada conviva. Mas cada vez que ela chegava perto do rapaz, notei que os olhos de ambos se alçavam com um

---

5. Colaborador de An-Ski na Expedição Etnográfica Judaica, Joel Engel compôs a música de *O Dibuk*, para a encenação de Vakhtangov.
6. Era costume entre os judeus piedosos ter convidados eventuais ou regulares à mesa do *schabat*, mormente jovens discípulos dos seminários talmúdicos e das casas de estudo.

ímpeto ignorado pelos comensais vizinhos e, possivelmente, ignorado deles próprios. Eu compreendi que suas almas jovens e puras palpitavam com um oculto magnetismo.

A última noite do *schabat*, luzes acesas, bebendo chá, o pai, cheio de alegria, me falou de seus negócios e de um casamento que estava contratando para a filha: um moço muito bem dotado, sério, filho único de um judeu de grande linhagem e muito rico. Não sei por que, no mesmo instante, me veio a idéia de que uma tragédia iria ocorrer naquela casa.

Desde esse dia, a toda hora eu tornava a pensar nas possíveis formas dessa tragédia. No decorrer de minha viagem pelas cidadezinhas vizinhas, aquelas imagens se empanaram, depois voltaram, como em sonho. Uma noite, meu espírito povoou-se de uma dezena de histórias de *dibukim* (almas errantes) e lendas reunidas no caminho. Eu desejava criar algo cuja origem estivesse no folclore, mas com base na vida real de hoje. Na manhã seguinte, escrevi um primeiro esboço, eu não sabia bem do que[7].

Mas foi com a explosão da conflagração de 1914, no ambiente de desolação e morte, não só para as forças em luta, como para a escorraçada e martirizada população judaica nas áreas de combate, que An-Ski encontrou a atmosfera e a inspiração, perseguição e misticismo fundindo-se no mesmo sopro, para recobrar o impulso e tematizar dramaticamente as projeções que vinham em seu bojo.

Nas regiões sinistradas, conta ele, eu vi ao meu redor sombras de homens, de semblante misterioso, que pairavam em mundos desconhecidos por nós. Certa vez, à hora crepuscular da prece vespertina, entrei numa *beit hamidrasch*. Vocês se lembram: o primeiro ato de meu *Dibuk?* É uma cópia exata daquela *beit hamidrasch* da Galícia que eu vi numa noite de inverno. Desde então, a idéia do *Dibuk* amadureceu cada vez mais em mim. Em Tarnov, enquanto a cidade era bombardeada pelo grande Berta[8] dos alemães, eu pus sobre o papel o primeiro ato. Escrevi o segundo algumas semanas depois, na Galícia. Em Kiev, chamado pelo comitê de ajuda judaica, li os dois atos para o engenheiro M. N. Sirkin, que gostou muito do tema, mas não pôde me dar uma opinião definida. Escrevi em Moscou os dois outros atos[9].

Esta peça, destinada a ser um dos maiores êxitos do teatro ídiche e hebraico, teve um caminho difícil para chegar à cena. Durante vários anos, é verdade que sob as injunções de uma conjuntura de guerra e das atividа-

---

7. L. ZITRON, *Zu der Geschichte fun Dibuk*.
8. Nome dado, durante a Primeira Guerra Mundial, a uma peça de artilharia pesada alemã, de grande alcance.
9. L. ZITRON, *ap. cit.*

des de An-Ski em função desta situação, o manuscrito foi mostrado aqui e ali, sem maiores resultados. O autor leu-o diversas vezes a grupos de intelectuais judeus que, em geral, reagiram friamente. E, embora Stanislavski houvesse demonstrado interesse pela versão russa[10], sugerindo inclusive a introdução de uma figura de mensageiro, o diretor do Teatro de Arte de Moscou não pôde encená-la. Na realidade, An-Ski não chegou a ver *O Dibuk* em cena. As primeiras apresentações verificaram-se alguns meses após a sua morte. Em dezembro de 1920, a Troupe de Vilna (Vilner Troupe) estreou o texto em ídiche, e em janeiro de 1922, o *Habima* (O Palco), sob a direção do armênio Vakhtangov, representou a versão hebraica, feita em 1918, pelo poeta H. N. Bialik.

Nos últimos anos de vida, transcorridos sob o signo da hecatombe de 1914, An-Ski dedicou-se ao trabalho de auxílio às vítimas da conflagração. Na qualidade de delegado da Confederação das Cidades Russas, percorreu as áreas próximas às linhas de frente, organizando a ajuda aos deslocados de guerra. Testemunha da terrível situação que as operações bélicas e a brutalidade do anti-semitismo czarista impuseram, particularmente aos habitantes judeus daqueles rincões, transformando-os em massa martirizada de refugiados, sentiu-se tomado por um sentimento de solidariedade e protesto que marcou fundo a obra em três volumes, *Destruição da Polônia, Galícia e Bucovina*, onde narra as cenas de crueldade e desamparo humanos que lhe foi dado assistir. Em 1917 participou ativamente dos acontecimentos revolucionários, sendo eleito deputado social-revolucionário à Primeira Assembléia Constituinte russa. Quando se verifica o choque entre socialistas de vários matizes e bolcheviques, e mais especialmente após a queda do governo de Kerenski, vendo-se ameaçado de prisão pelo novo poder, An-Ski se refugia em 1918, em Vilna, logo depois em Otvosk e, quando esta é ocupada pelas forças soviéticas, parte para Varsóvia. Aí, cria uma sociedade etnográfica judaica, pouco antes de vir a falecer, a 8 de novembro de 1920.

Um dos maiores desejos do escritor era, além de ver *O Dibuk* no palco, efetuar a edição de suas obras completas em ídiche. Entretanto, também isto só se concre-

---

10. An-Ski, supõe-se, escreveu a peça em ídiche e, logo em seguida, redigiu uma versão russa.

tizou após a sua morte. Os *Escritos Reunidos de Sch. An-Ski* compreendem 15 volumes de narrativas, artigos políticos, poesias, histórias hassídicas e estudos de folclore, bem como umas poucas peças: *Dia e Noite*, um drama hassídico inacabado, *Pai e Filho, Alojamento Clandestino, Avô*, retratos de vida em plano puramente realista, e, por fim, *Entre Dois Mundos* ou *O Dibuk*.

Certa vez, An-Ski escreveu a seu próprio respeito: "Não tenho mulher, nem filhos, nem lar e nem mesmo uma casa ou móveis que sejam meus... A única coisa que me une fortemente a esses conceitos é — o povo". E pode-se dizer que o povo em geral e particularmente o judeu foram o fio condutor e o sentido da existência de Sch. Zainvil Rapaport, seja na sua expressão política, seja na científica, seja na literária. Em *O Dibuk* este *leitmotiv* de uma vida e de uma atuação encontrou um lugar por excelência. Não apenas porque, como pretende Odette Aslan, a peça se liga "estreitamente ao resto de sua obra, à sua tentativa de compreensão da arraia miúda judia, às suas pesquisas folclorísticas, à sua 'enciclopédia de demonologia popular' (no poema *Asmodeu*), à sua vontade de salvar as últimas migalhas de uma sociedade que ia desaparecer"[11], mas também porque, precisamente, enquanto obra de ação dramática, é o *epos* magistral de um modo de ser do judeu como grupo histórico e de seu *ethos* em determinada fase — talvez só encontrando paralelo no que Agnon plasmou em *Haknassat Kalá* ("O Dote da Noiva") — e, mais do que isso, o terrível ajuste de contas crítico e juízo final trágico com este universo do judaísmo tradicional e a sociedade que o alentou.

---

11. "Le Dibbouk D'An-Ski et la Realisation de Vakhtangov", *Les Voies de la Création Théâtrale*, VII, Paris Éditions du C.N.R.S., 1979, p. 159.

A FIGURA DO *DIBUK* *
Harold Fisch

> *Raymond, Raymond, thou art mine!*
> *Raymond, Raymond, I am thine.*
> *In thy veins while blood shall roll,*
> *I am thine!*
> *Thou art mine.*
> *Mine thy body, mine thy soul!*[1]

I

A figura da alma do outro mundo, do "retornante"[2] — na forma de um espectro ou em qualquer outro feitio — está continuamente à espreita na literatura romântica. É uma presença que não pode ser posta de lado. Numa época de inovações radicais, de emancipação da tradição em todas as formas, o passado não cessa, ainda assim, de colocar suas mãos paralisantes sobre o presente. Os maus versos citados acima são ditos pela Bleeding Nun (Freira Sangrante), uma figura do passado que ameaça arruinar a vida e os amores do jovem herói no romance gótico de M. G. Lewis, *The Monk* ("O Monge"), 1795. Por fim conseguem livrar-se dela, quando seus ossos voltam a ser decentemente enterrados e podem ter o devido repouso. E, o que é bastante paradoxal, a remoção da

---

* Publicado na revista *Commentary* n.° 4, vol. 51, abr. 1971. Traduzido por J. Guinsburg.

1. "Raymond, Raymond, tu és meu! / Raymond, Raymond, eu sou tua. / Em tuas veias enquanto rolar sangue, / Eu sou tua! / Tu és meu. / Meu é teu corpo, minha a tua alma!" (N. do T.).

2. Na impossibilidade de encontrar em português um termo com o duplo sentido da palavra inglesa *revenant* e, levando em conta que o autor trabalha com ambas as acepções, escrevemos "retornante" para indicar também esta característica do "fantasma" em pauta. (N. do T.).

freira só se efetiva graças à ajuda de Ahasuerus, o Judeu Errante. É ele quem liberta Raymond do encantamento do fantasma e, deste modo, permite-lhe dirigir-se para a luz, desprendendo-o da culpa herdada. Raymond poderia perfeitamente observar, segundo as palavras de Stephen Dedalus, de Joyce, que a História constituía um pesadelo do qual estava tentando despertar. Foi o judeu que o ajudou a acordar.

Mas o Judeu Errante é ele próprio um fantasma "retornante", um visitante compulsivo que vem para nos recordar de eventos e responsabilidades passados, que de nossa parte preferiríamos esquecer. Mal disfarçado, como o Velho Marinheiro da balada de Coleridge, deita a sua mão descarnada sobre o Wedding Guest (Convidado Nupcial) e o força a ouvir o seu relato de desgraça e salvação, de antigas, remotas desditas. O interessante, no entanto, é que o mesmo Judeu Errante é para Coleridge uma *persona* do próprio poeta, um rebelde e um iconoclasta. É Ahasuerus que, no *Queen Mab* ("Rainha Mab"), um poema das primeiras produções de Shelley (1813), anuncia que uma nova era está começando e que a Razão e a Liberdade estão "agora assentando o imperecível trono da verdade" e frustrando assim a maldição da antiga tirania religiosa. Ahasuerus, um grande favorito dos poetas românticos, parece ser tanto Disraeli quanto Karl Marx contidos numa só figura.

A relação do autor romântico com o passado nada é, destarte, senão ambígua. Com a Revolução Francesa, o homem moderno teve a sensação de haver saído ao ar livre, desonerado pela primeira vez da pesada carga das fidelidades tradicionais, ao mesmo tempo que a força hipnótica do passado jamais se apresentou de maneira tão intensa quanto nessa época. A literatura romântica, diz W. J. Bate, apresenta-se "loucamente rachada ao meio por duas exigências opostas"[3]. Ele faz notar que nela existe quer nostalgia do passado, quer inexorável necessidade de libertar-se deste. Como haveria o homem de imaginação de decidir entre ambas? Ou, para nos atermos à nossa imageria de espectros e assombrações, como haveria ele de exorcismar o demônio? A tarefa não era fácil.

3. *The Burden of the Past*, Harward University Press, p. 133.

Este é o problema subjacente, por exemplo, a muitos dos contos de Edgar Allan Poe. Ele procura mostrar os mortos enterrando seus mortos em "A Queda da Casa de Usher". Mas é a própria casa vetusta, embora com a sua estrutura mortalmente afetada, que prende a nossa atenção. Enquanto não chegamos a um acordo com ela, é difícil chegarmos a um acerto conosco mesmos. Ela oprime a imaginação e, quando rui (como acontece no fim da narrativa), nos deixa chocados e horrorizados. "Ouviu-se um longo e tumultuoso clamor como o rumor de mil torrentes." O caos, por assim dizer, irrompeu de novo.

O mais insistente de todos os fantasmas "retornantes" dos poetas românticos foi provavelmente John Milton. Keats era um obsecado pelo modelo miltoniano e Wordsworth declarou em um soneto famoso: "Milton, tu deverias estar vivo a esta hora!" Alguns diriam que ele estava, porque o próprio Wordsworth possuía uma notável semelhança facial, bem como estilística, com o poeta morto. Mas é Blake, o mais dialético dos românticos, que celebra o retorno de Milton à Inglaterra de 1800 em detalhes mais plenos e meticulosos. Chegando ao jardim do poeta em Felpham, no ano de 1803, Milton entra no corpo de Blake pelo pé. É um momento de incomparável revelação e também um momento de desastre. Seguindo "o vasto ramo da descendência de Milton", Blake nos diz que

all this vegetable world appeared
on my left Foot
As a bright sandal form'd immortal of precious
stones and gold.
I stooped down and bound it on
to walk forward thro' eternity[4].

"Milton", Estampa 23

A significação deste acontecimento que Blake pode agora derivar diretamente da visão bíblica do século XVII, uma época de fé e visionária. É uma época em que é possível figurar Ololon (a "Emanação" de Milton) como "um doce rio de leite e pérola líquida" a fluir atra-

---

4. "... todo esse mundo vegetal apareceu em meu pé esquerdo. / Como uma resplendente sandália imortal formada de pedras preciosas e ouro. / Eu me abaixei e a atei para ir à frente através da eternidade". (N. do T.).

vés do Éden. E fortalecido com esta visão, Blake, agora a reencarnação de Milton, pode converter-se no verdadeiro poeta da Revolução. O presente tingiu-se com a glória do passado.

No entanto, encarado de outro ângulo, este longo poema "profético" de Blake é uma prolongada e feroz contenda com Milton e com tudo o que Milton representou. Blake rejeita a cosmovisão puritana do poeta mais antigo, o "trovão estreptoso e terrível" que a sua presença conjura. Seu corpo, diz ele, "era a rocha do Sinai" — o que é quase a pior coisa que Blake poderia dizer acerca do corpo de alguém. E, como conseqüência, quando Blake fita o pé esquerdo, em outra passagem, ele vê "a nuvem negra resultante espalhar-se sobre a Europa". Tudo o que é mau na Europa de Pitt e de Jorge III, sua cegueira, suas formas institucionalizadas, suas tiranias sociais, pode ser reportado à perniciosa autoridade do passado, tendo Milton como a tenebrosa figura "urizênica"[5] a avultar do centro deste passado!

A maneira de Blake lidar com esta "louca rachadura" em seu próprio vínculo com a herança do passado é tipicamente blakeniana. Possui até uma ligeira relação com as soluções oferecidas pelos Irmãos Marx quando se deparam com situações impossíveis. Em suma, o passado tem de mudar. No curso do poema, Milton é curado de suas propensões puritanas. Vemo-lo no fim rejeitando e aniquilando o seu egoísmo. Ele "se banha nas Águas da Vida e lava o Não Humano" (Estampa 48). Assim, as irreversibilidades da história são abolidas, e o poeta pode conciliar-se com um passado que se tornou plástico e maleável. É como uma viagem pelo espaço. O universo de Blake é um mundo onde a lei da gravidade não mais opera. O próprio tempo é derrogado, de modo que no espaço infinito da meta-história o poeta possa construir a grande cidade de Golgonooza, onde a humanidade está liberta e todos os contrários se fazem uma unidade. É um feito notável, mas não é de surpreender que a muitos de nós não seja dado acompanhar Blake pelo caminho todo. Muitos de nós sentem que precisamente lá onde

---

5. "Contemplo Los e Urizen, contemplo Orc e Tharmas, / Os quatro Zoas de Albion, e teu espírito em luta com eles, / na aniquilação de si mesmo, entregando a tua vida a teus inimigos". "Milton", livro II, pp. 40-41. O termo portanto é derivado de Urizen (N. do T.).

o passado nos confronta, ali atingimos o limite de nossa liberdade. O fato pode nos mudar, mas nós não podemos mudá-lo. É esta consciência que investe o fantasma "retornante" de seu *pathos* peculiar. Ele é fixado e determinado pelo conto que ele conta. E contando-o a nós ele nos lembra de que também a nossa liberdade tem seus limites, e que nós, também, seremos eventualmente transfixados na resina da história à medida que ela continua a fluir inexoravelmente.

II

Existe uma formulação judaica deste paradoxo cujo interesse, penso eu, vai além do âmbito específico. De fato, eu gostaria de sugerir que se trata antes de um daqueles como que arquétipos discutidos por Northrop Frye, aqueles mitos fundamentais por cujo intermédio a humanidade articula suas respostas existenciais básicas[6]. A diferença é que Frye em sua "crítica arquetípica" está preocupado com Mitos da Natureza que derivam sua autoridade das estações do ano ou de outros e semelhantes fatores repetitivos permanentes da experiência humana. Ao passo que nós temos aqui o que pode ser denominado de um Mito da História, uma estratégia concebida para lidar com uma situação de tipo não-cíclico, não-repetitivo — no caso, a do homem moderno na era da emancipação subseqüente à Revolução Francesa. Ele é um ser liberto do passado e, não obstante, o passado, considerado como a sua pré-história pessoal ou como a vasilha coletiva da tradição, autoridade e lei moral, o tem em servidão.

A extraordinária popularidade de *O Dibuk*, de Sch. An-Ski — a peça pela qual o novo palco hebreu, seus atores e diretores começaram pela primeira vez a experimentar seus dentes — sugere que estamos diante de um mito coletivo de grande poder. Sua representação em cena, sob a direção do extraordinário Vakhtangov, teve, como os dramas clássicos da antiga Grécia, o efeito de um ritual. Neste caso era um ritual destinado a mitigar as ansiedades geradas pelo impacto do passado sobre o presente, tal como indica o seu subtítulo: "Os Dois Mun-

---

6. Cf. *Fables of Identity*, Harcourt Brace, Jovanovich, pp. 7-20; *Anatomy of Criticism*, Princeton University Press, pp. 122 e ss.

dos"[7]. A data, 1916, não deve surpreender-nos, visto que para os judeus a crise da emancipação atingiu sua fase aguda no começo do século XX, nos escritos de Brenner, Tchernikhovski e Bialik — os dois últimos encontram-se, diga-se de passagem, entre os principais tradutores hebreus dos poetas românticos alemães e ingleses do início do século XIX. Bialik também transpôs a peça de An-Ski (que fora escrita originalmente em russo e depois em ídiche), e foi na versão de Bialik que este drama alcançou por fim o seu verdadeiro público, isto é, o novo *Ischuv* (Comunidade) da Palestina, o judeu de novo tipo que se encontrava numa das encruzilhadas da história. Ele rejeitara o velho mundo e voltara-se ansiosamente para o novo, mas sua alma não estava em paz. O Fardo do Passado permanecia sobre o seu ombro. E era um fardo esquizofrênico; não podia viver sem ele, nem com ele.

No arquétipo-*dibuk* a relação entre o passado e o presente aparece sob a imagem da possessão. Não é meramente o caso de um fantasma, mas de uma alma "retornante" que penetra e controla a personalidade dos vivos. O que fora para Monk Lewis um pedaço de gótico empolado, torna-se agora o tema principal de uma obra literária, e um tema sério com isto. "Eu sou tua! Tu és meu/Meu é teu corpo, minha a tua alma!", diz a Freira Sangrante. É também o que diz o *dibuk* à pessoa a quem invade, seja em An-Ski, seja em outros autores judeus que mencionaremos.

A palavra *dibuk* vem de uma raiz que significa "aderir", "apegar-se", e remonta a lendas hassídicas relacionadas com criaturas infelizes tomadas pelos espíritos dos mortos. As fontes cabalísticas (ou possivelmente até pitagóricas) do arquétipo não nos preocupam aqui, nem as suas implicações em termos da parapsicologia, se é que há algumas. (Por exemplo: conheço um homem que viu certa vez um *dibuk* em ação num povoado judaico na Polônia.) O que nos interessa agora é o seu poder psíquico enquanto mito, enquanto estrutura literária que serve para articular o problema especial do novo judeu a enfrentar o desafio do passado. Na peça de An-Ski, a heroína Lea encontra-se sob o domínio do espírito do

---

7. Na tradução hebraica. O subtítulo no original ídiche reza: "Tzvischen Tzvei Velten", isto é, "Entre Dois Mundos". (N. do T.).

falecido Hanã, o rapaz que a amava. Ela lhe fora prometida pelo pai, muito antes do nascimento de ambos, mas este, Sender, deixara de honrar os termos do compromisso. Fato central no drama inteiro é a ambigüidade que reveste a personalidade das duas personagens principais e também a experiência da possessão em si mesma. Hanã é um estudioso que se dedica à Cabala com grande fervor: vemo-lo numa cena fundamental contemplando enlevado os Rolos da Lei na Arca Sagrada:

> Os rolos da Torá... Ei-los aí, uns recostados nos outros, tão calados, tão tranqüilos. E neles se ocultam todas as ilusões e todos os segredos... Todas as combinações cabalísticas. Desde os primeiros seis dias da Criação, até o fim das gerações[8].

Em outras palavras, ele próprio é uma testemunha da antiguidade (como o Judeu Errante), da força constrangedora da antiga inspiração. Mas algures Hanã declara que "eu sou um daqueles que procuraram novos caminhos". É um testemunho da nova inquietude. No clímax da peça, falando pela boca de Lea, enfrenta os rabis que vieram expulsá-lo e proclama ousadamente seu direito ao amor e à liberdade. O simbolismo é absolutamente claro: ele é o novo homem emancipado, um rebelde em aliança com o diabo, como Caim na peça homônima de Byron[9]. Lea também se apega com a maior devoção à memória de sua falecida mãe. Este é o eixo de sua personalidade e, no entanto, Lea também é (através de um cabalístico jogo de palavras com as letras do nome da jovem) literalmente a "sem Deus" — simbolizando o seu amor por Hanã a rejeição à autoridade paterna e à sociedade tradicional à qual seu pai pertence. Nota-se a mesma "louca rachadura" na natureza da união entre o *dibuk* e sua vítima. A instalação de Hanã no coração e no corpo de Lea é fonte de êxtase, uma libertação traumática de um ambiente dominado pela estreiteza burguesa e pelo obscurantismo rabínico. Mas é também um estado de sujeição: o morto amado, cujo poder sobre ela brota de antigas obrigações solenes, invade implacavelmente a personalidade da moça. Num sentido importante,

---

8. Da versão em português, neste volume.
9. Um crítico russo, M. Zagorsky, viu em *O Dibuk* uma imagem da Revolução Soviética; na Palestina, de outro lado, a peça foi algumas vezes criticada como sendo uma glorificação da vida do gueto e de suas superstições (ver M. KOHANSKY, *The Hebrew Theatre: Its First Fifty Years*, Ktav, pp. 45, 94.

o tema do drama é a luta da jovem para livrar-se do domínio de Hanã. Isto ela a consegue por fim quando o *dibuk* é exorcismado à força de esconjurações, orações e maldições. Mas Lea não sobrevive à expulsão. Como na ruína da casa de Usher, o colapso da estrutura da antiguidade e com ela a ruptura do encantamento, são em si mesmos desastrosos. Lea morre. Quanto ao problema básico dos "Dois Mundos", a solução dada por An-Ski é sentimental. Os dois amantes serão unidos além-túmulo numa vida vindoura onde as pressões da história não mais atuam. Ao contrário de Blake, An-Ski não está em condições de mudar a própria História. Ele não pode magicamente modificar os termos do contrato prévio, as inexorabilidades das formas históricas que herdamos; mas ele pode consolar e consola a si mesmo, bem como a sua audiência, com o sonho dos amantes que vão de mãos dadas para algum paradisíaco mundo vindouro. Em outras palavras, não há solução e a audiência, cujo problema espiritual básico a peça encarnou ritualmente, vai para casa, enxugando as lágrimas, reconfortada pelo simples pensamento de que na morte todos os contrários se unificam.

No notável relato de Sch. I. Agnon "Ido e Einam"[10] a heroína, Guemulá, tem dois "amados". Há o marido dela, Gamzu, um livreiro de antiguidades com um olho só, que é sem dúvida um homem da tradição com um caloroso apego à sinagoga e à casa de estudos. E há também o Dr. Ginat, um homem igualmente empenhado no estudo de coisas antigas, mas segundo um espírito moderno, sendo a sua abordagem objetiva e científica. Uma vez por mês, por ocasião da lua cheia, Guemulá perde sua personalidade normal e é possuída pelo que se pode descrever como o Espírito do Passado. Ela se levanta da cama em estado de transe e, caminhando adormecida para as habitações de Ginat, canta os estranhos hinos de seus antepassados na linguagem perdida de Ido. São os Hinos Einamitas a cujo estudo o filólogo Ginat consagrou a existência. E algo de seu apaixonado envolvimento flui para a imaginação do leitor.

Para Guemulá, também, a experiência-*dibuk* é dualista. Ela está sob o domínio de uma força estranha da

10. Traduzido para o português por J. Guinsburg, em *Novelas de Jerusalém*, S. Paulo, Editora Perspectiva, 1967. (N. do T.). Para outra discussão sobre "Ido e Einam" ver "Agnon's Quest" por BARUCH HOCHMAN, *Commentary*, 1966.

qual o marido e os amigos procuram livrá-la. Mas, de outro lado, a invasão de sua personalidade é do ponto de vista literário uma questão de inspiração. É como a recuperação por Blake do doce leite e da pérola líquida da divindade do século XVII. Enquanto presa da força agoniante do passado é que Guemulá encontra a mais rica libertação de sua personalidade. Por certo, o dilema trágico torna-se por fim insuportável. Guemulá morre ao cair de um telhado em Jerusalém durante uma de suas excursões sonambúlicas, e Ginat perece numa vã tentativa de salvá-la. O final é não-sentimental, não há nenhuma alusão a um consolo para além-túmulo. Mas há uma sugestão de consolo no processo corrente da História. Pois o trabalho de Ginat sobre os Hinos Einamitas, a despeito de seu pedido para que fosse destruído, será de fato publicado, e exercerá o seu efeito — lento mas seguro — sobre o mundo que conhecemos:

> Como de costume as vontades do morto não foram cumpridas. Ao contrário, continuaram a imprimir as suas obras, pois o mundo já começa a conhecê-las, especialmente a beleza e o encanto dos Hinos Einamitas. Enquanto está vivo o sábio, pode-se conhecer a sua sabedoria, se se desejar, e, se não se desejar, não se conhece a sua sabedoria. Assim que morre, porém, a sua alma lumina cada vez mais de seus livros, e aqueles que não são cegos e podem ver desfrutam de sua luz[11].

A salvação, se vier, virá de nosso ambiente cotidiano. Mas a esperança de que sobrevenha é tênue e problemática. Brota daquela luz que, se tivermos olhos para ver, irradiar-se-á, um dia, do estudo erudito de Ginat, um estudo que concentra o espírito do presente sobre a herança do passado. Mas haverá olhos para ver? O único sobrevivente do trio, a final de contas, é Gamzu; e ele, nos é dito, é cego de um olho. O exorcismo do *dibuk*, portanto, nos deixa com uma pergunta que ainda aguarda uma resposta.

O *dibuk* em forma alterada, mas mesmo assim inteiramente inequívoca, continua a obsedar as páginas da literatura hebraica mais contemporânea. No romance de Aharon Megued, *Ha-Hai al-ha-Met* ("Vivendo da Morte")[12], o passado imprime-se sobre o presente sob a for-

---

11. Segundo o texto da versão para a língua portuguesa. (N. do T.).
12. Publicado originalmente em Tel Aviv em 1965. A tradução inglesa é de Misha Louvish, Cidade do Cabo (Londres), 1970.

ma do herói morto, Davidov. Trata-se de uma figura pertencente ao período em que se construiu a nação, se abriu estradas, se saneou pântanos, a era que antecedeu o estabelecimento do Estado de Israel. E é a épica história de vida da personagem central que se pretendeu preservar, tendo sido incumbido de escrevê-la um jovem autor, Jonas. A situação é algo parecida com a que se projeta em *The Aspern Papers* ("Os Papéis de Aspern") de Henry James, e, como neste relato, os registros da vida do morto ficam perdidos no fim da estória. O que vincula Jonas ao defunto é portanto o contrato firmado com o editor, compromisso que embora franqueie ao jovem anti-herói oportunidades de desenvolver sua criatividade e obter fama, ao mesmo tempo deprime e intimida o seu espírito. Seu problema é escapar deste fardo intolerável da obrigação. Pode-se notar que a idéia de um pré-contrato, um pacto ou escritura comprometente, contraído no passado e de algum modo ligando o passado e o presente, é fundamental para os exemplos que estamos discutindo.

Em An-Ski, o poder de Hanã sobre Lea deflui de uma promessa pré-natal assentada entre os pais. Em "Ido e Einam", o controle sobre o destino de Guemulá liga-se com algumas misteriosas folhas de papiro inscritas na antiguidade que estavam em poder de Gamzu e passam para Ginat. No caso de Jonas, o contrato que assumiu compromete-o em um sentido mais do que formal com o morto. Sua vida particular começa a desorganizar-se, à medida que ele, de maneira mesmérica, revive a carreira de seu herói. Torna-se tão insensível para com a esposa e o filho por nascer, quanto Davidov o fora com sua mulher e família. Pois, no romance, o mundo heróico de Davidov, a inteira imagem épica projetada pelos fundadores *halutzianos*[13] do Estado judeu, é selvagemente exposto ao pelourinho, sem que seja todavia uma presença a ser posta de lado. Davidov construiu o mundo em que nós, israelenses, vivemos: foi ele que erigiu para nós as metas e os propósitos que continuam a nos impelir para frente; sem eles voltaríamos a afundar na vacuidade e no niilismo, um estado de coisas representado no romance de Megued por um esquálido *night club* de Tel Aviv, ao qual Jonas recorre quando suas responsabilidades para com Davidov se tornam excessivas para ele.

13. De *halutz*, "pioneiro" da reconstrução nacional judaica em Israel (N. do T.).

Em paralelo com a estranha relação entre o falecido Davidov e o vivente Jonas, há também o liame igualmente misterioso deste último com Polishuk, um escultor morto, cujo estúdio, com sua confusão de moldes de gesso de heróis, pioneiros e líderes falecidos, Jonas agora ocupa. A maior parte destes refugos do escultor foi jogada no banheiro, mas uma figura particularmente imponente, em tamanho maior do que o natural, encoberta por envoltórios de pano branco, ergue-se à entrada do vestíbulo oprimindo Jonas com sua grotesca majestade. Ela se apresenta como uma metáfora para toda a relação entre os vivos e os mortos. Os valores da geração anterior não constituem mais um ideal a ser adorado, porém não podem ser tampouco eludidos. Eles nos obsedam. "Eu não acredito em fantasmas", diz Jonas, "mas quando às vezes saio à noite para tomar um pouco de ar, vejo aquela imagem silenciosa postada à porta e desconfio dela". Jonas jamais escapa da presa opressiva do passado. No fim, quando é implicado num processo judicial por quebra de contrato, declara que este paralisa o seu trabalho criativo. "Enquanto o caso estiver pendendo sobre minha cabeça, não posso iniciar nada de novo." Isto pode servir de súmula adequada do estado de espírito de um homem sob domínio do *dibuk*. O passado o tem em servidão e, enquanto não chegar a um acerto com este, não há possibilidade de uma vida nova.

Em um exemplo cômico mais recente, "O *Dibuk* de Neve Shaanan"[14], do dramaturgo Amitzur Eilan, a pressão exercida sobre o herói pela presença do falecido pai (e da sociedade que este ajudou a criar) se expressa na última vontade e no testamento paternos, de cujos termos o filho tenta desesperadamente escapar. No término, vemo-lo simplesmente fugindo da casa em sua motocicleta. É um exemplo do que Frye chamaria de versão "mimética baixa" do arquétipo.

III

Falamos como se a presença obsessiva do passado tivesse o mesmo significado para a imaginação judaica

---

14. Encenado com sucesso pelo Teatro "Zavit", Tel Aviv, 1966. Publicado na coletânea *Casa Vazia* (hebraico), Tel Aviv, 1970.

do que para a imaginação americana ou inglesa. Sem dúvida, isto não é assim. Existem diferenças importantes. Tomemos *Os Espectros* de Ibsen. Oswald é presa de um passado que o escraviza assim como liberta seu espírito. Pois se deve ao pai a doença herdada, também lhe deve o extático amor à vida, a busca de liberdade e alegria. Até aqui, o fato se parece com a situação dualista de Lea ou Guemulá. Mas o Espectro do Capitão Alving é uma figura que convida a uma existência de satisfação dos próprios apetites e de prazeres. Numa palavra, o apelo é à Natureza e aos deuses da Natureza. Para os escritores judeus, a figura do passado representa antes provação, responsabilidade e esforço. Mesmo para Megued, Davidov, por não-atrativo que seja, puxa-nos para fora do "covil" e de seus fáceis prazeres e complacências. O *dibuk* judeu, cabe dizê-lo, pertence ao superego; o do não-judeu ao id. O Capitão Alving na medida em que aponta para o passado, aponta no fundo para o mastro ritual de Maio[15], para as religiões da fertilidade que dominaram a Europa antes de o Cristianismo ali aportar. Encontramos uma similar tendência descendente em *The Heart of Darkness* ("O Coração das Trevas"), de Conrad, outra estória de encantamento e alienação espiritual. Se Kurtz é presa do antigo barbarismo do Congo, o narrador, Marlow, descobre em si próprio o mesmo coração primevo das trevas. Sentimo-lo, também, no ambiente do Rio Tâmisa no começo do relato, na lembrança das primitivas selvagerias lá praticadas dezenove séculos antes, quando os romanos vieram instalar-se na Inglaterra e trouxeram-na penosamente à luz. Um romance assim revela-nos o avesso do romantismo ocidental. Informa-nos em torno do que gira o seu regresso à Natureza. Não se trata apenas do coração de Wordsworth dançando com os asfódelos: mas também de Kurtz afundando de volta na vida bárbara e intensa da selva e morrendo com as palavras "O Horror!" nos lábios, e também de Oswald estendendo imbecilmente a mão para o sol, ao fim da peça de Ibsen.

Para ser bem preciso, o mundo ocidental tem dois *dibukim*: um, que possui claras afinidades com a tradição judeu-cristã, se apresenta, em geral, como o fardo da

---

15. Mastro em torno do qual se realizavam celebrações, em geral consagradas à primavera (N. do T.).

consciência puritana. Deparamos com ele na imagem que Blake faz de Milton, algo inspirador e sobrepujante, como a Rocha do Sinai. O outro, que encontramos em Conrad e Ibsen, representa o passado pagão, o arrasto para o fundo da Natureza. E os dois estão em ação na literatura ocidental durante o período aqui em foco, assombrando suas vítimas e apoderando-se delas, corpo e alma.

Por ser o mais compendioso relato de encantamento em ambos os aspectos e como conclusão a esta discussão, gostaria de tomar finalmente um dos mais famosos romances americanos de meados do século XIX, *The House of Seven Gables* ("A Casa das Sete Cumeeiras), de Hawthorne. Nunca o Fardo do Passado foi descrito de modo mais enfático. Ele grava pesadamente os dois moços, Holgrave e Phoebe, cujo destino é o tema do livro:

> Será que nunca ficaremos livres deste Passado,? protesta, mantendo o tom sério de sua conversa anterior. Ele pesa sobre o presente com o corpo morto de um gigante! De fato o caso é exatamente como se um jovem gigante fosse compelido a desperdiçar todo o seu vigor carregando de um lado para outro o cadáver do velho gigante, seu avô, que morreu·há muito tempo, e precisa apenas ser decentemente sepultado. Pensa só por um momento, e ficará surpresa de ver como somos escravos de tempos passados — da Morte, se dermos à questão a palavra correta! (...) Nós lemos nos livros dos mortos... Cultuamos a divindade viva de acordo com as formas e credos dos mortos. O que quer que procuremos fazer, por movimento próprio e livre, a mão álgida de um morto nos obstrui.

A mão morta do passado é simbolizada neste romance pelos pais da estirpe dos Pyncheon, em especial pelo velho puritano Coronel Pynchon, cuja presença pesa sobre os vivos sob a forma de um retrato opressivamente realista na parede da mansão da família, e que é reencarnado na pessoa do contemporâneo Juiz Pyncheon, uma figura lúgubre que lança a sua sombra sobre os atuais moradores. Ele, de certa maneira, assombra a casa edificada por seus antepassados dois séculos antes, e continuará a assombrá-la até morrer, ao término da estória. Só então os jovens ficarão livres do bruxedo do passado puritano e poderão emergir para a luz do sol.

Mas a mão morta do passado também opera através de outra influência paralela, a do rústico feiticeiro, Matthew Maule, outra figura proveniente do primeiro período da colonização na Nova Inglaterra. Em um reinvocado episódio central, observamos o seu filho, um carpinteiro de baixa extração, lançar um mau feitiço sobre a formosa Alice Pyncheon. É um encantamento que envolve a invasão e a corrupção da personalidade da jovem. "Ela é minha!", diz Matthew Maule. "Minha pelo direito do espírito mais forte." (Quase as mesmas palavras que a Freira Sangrante dirige ao pobre Raymond.) Alice passa a ser vítima de acessos sonambulísticos, como Guemulá no relato de Agnon, durante os quais o poder de Maule sobre ela tem o efeito de arrastá-la para o fundo do abismo, para o conradiano coração das trevas. A matáfora dominante é a da degradação.

Um poder com o qual pouco sonhara deitara sua presa sobre o seu coração virginal. Uma vontade, de um feitio muito diverso do seu, coagia-a a efetuar sua grotesca e fantástica determinação... "Alice, dança!", e ela dançava, não em cadências tão corteses como aprendera além-mar, mas alguma jiga de compasso muito rápido ou um rigadão todo saltado, próprios das animadas raparigas em um rústico folguedo. O impulso de Maule não parecia se o de arruinar Alice, nem de acometê-la com alguma negra ou gigantesca maldade... mas de descarregar sobre ela um escárnio baixo e mesquinho. Assim toda a dignidade da vida ficava perdida. Ela sentia-se demasiado aviltada, e almejava trocar de natureza com algum verme!

A maldição de Maule permanece como pesada carga sobre a estirpe dos Pyncheon e a maldição não será expiada enquanto Phoebe (a última dos Pyncheon) não se casar com Holgrave (o último Maule). Então os contrários serão unificados. É um final marcado pela imageria do Jardim do Éden, significando um regresso a um passado mais remoto e maravilhoso do que o sugerido quer pela puritana Nova Inglaterra, quer pela feitiçaria da jiga e do mastro ritual de Maio.

O interessante também é que a imagem de um documento escrito ou contrato é fundamental nesta narrativa. Um velho rolo de pergaminho (na realidade um contrato legal transferindo uma grande extensão de terra indígena ao primeiro ancestral dos Pyncheon) acha-se escondido na casa. Ele testemunha a cobiça dos primeiros colonizadores puritanos, bem como, de certo modo, controla o destino de seus descendentes e proporciona o fundamento para a retribuição que recai sobre eles. Até que o documento seja encontrado, o passado continuará a assombrar o presente. A influência controladora que é assim concedida a um registro ou contrato redigidos na antiguidade nos lembrará imediatamente das estórias do *dibuk* judeu que examinamos antes. Mas há uma diferença característica. Quando o passado entrega o seu segredo, e o pergaminho é por fim recuperado, verifica-se que não tem nenhum valor. O passado não mais obriga. Seus sonhos de riqueza e fortuna mostram ser mero fogo fátuo à luz da realidade do século XIX. A força propulsora do puritanismo do século XVII já não nos move mais. Pois, no fim de contas, podemos optar por cair fora da história americana e nos mudar para fora da Casa das Sete Cumeeiras, retirando-nos para um agradável chalé e jardim — como Phoebe e Holgrave fazem no fim. Com os jovens amantes dos relatos judaicos a coisa é diferente: mas aí a história judaica é diferente também.

UM DRAMA DO HASSIDISMO *

Anatol Rosenfeld

Dibuk é o nome da alma errante de um morto. Em certas circunstâncias, um *dibuk* penetra no corpo de um vivo; "encosta-se" nele, como diriam os espíritas. O *dibuk*, que se manifesta no corpo escolhido com a voz do falecido, constitui-se em grave perigo para o hospedeiro e tem de ser expulso por meio de práticas exorcistas. Essa crença, durante muitos séculos viva em amplas camadas dos guetos judaicos do Leste europeu, é um dos motivos focais da peça *O Dibuk*, de Sch. An-Ski, certamente uma das mais importantes e belas do teatro judaico. A obra, provavelmente escrita no início da Primeira Guerra Mundial, ficou celebrizada pela companhia teatral Habima, que a encenou pela primeira vez em 1922, sob a direção do russo-armênio Vakhtangov, discípulo de Stanislavski.

O clima espiritual em que se situa *O Dibuk* não é o do judaísmo ortodoxo, clássico-rabínico, baseado nos textos canônicos, nem evidentemente o dos ramos liberais e "ilustrados" do judaísmo, surgidos no século XIX, como resultado da Revolução Francesa, do pensamento racionalista do Século das Luzes e da emancipação judaica. O mundo de *O Dibuk* é, bem ao contrário, o do

---

* Este trabalho apareceu como prefácio da 2.ª edição de *O Dibuk*, em português, tendo sido calcado pelo autor numa série de artigos que escreveu para a imprensa, sob o título "*O Dibuk: Uma Pompéia Espiritual*", quando da primeira publicação do texto da peça em português.

misticismo judaico ou pelo menos de uma de suas manifestações mais características — o chamado Hassidismo.

* * *

No movimento hassídico exprime-se, em termos religiosos, um veemente protesto social das massas judaicas dos guetos do Leste europeu, principalmente da Polônia. Chamados originalmente a este país a fim de estimularem sua vida econômica e constituírem uma espécie de classe ou "estado" intermediário entre os barões feudais e os camponeses, formando um grupo dotado de ampla autonomia comunal, os judeus tornaram-se pouco a pouco uma comunidade minoritária desprotegida, em cujos quadros repercutia, redobrada, qualquer perturbação do mundo-ambiente. Empurrados para ocupações marginais, desprestigiados e odiados, acabaram por servir de pára-choque entre as classes superiores e as massas esfaimadas, tornando-se as primeiras e maiores vítimas de todas as revoltas populares.

A deterioração econômico-social das comunidades judaicas, no decurso do século XVIII, suscitada pela situação caótica da Polônia, foi acompanhada de profunda decadência espiritual, principalmente nas zonas onde perseguições sangrentas abalaram toda a estrutura interna do gueto. Diante do empobrecimento comunal, o grande surto demográfico e a dispersão de considerável número de judeus pelas zonas rurais, tornava-se difícil manter o sistema do ensino elementar obrigatório e quase impossível a freqüência intensa do ensino superior nas escolas talmúdicas, facilitado em tempos melhores, mesmo a jovens sem recursos. Por mais que se possa criticar a estreiteza e rigidez desse sistema de ensino, baseado quase por inteiro na Torá (a Lei sagrada) e sua interpretação talmúdica, este gueto espiritual teve pelo menos o mérito de fortalecer a coesão e firmeza desta sociedade e proporcionar aos seus membros a profunda satisfação moral de participarem da coisa pública, definida essencialmente em termos religiosos. Espezinhado pelo mundo-ambiente, o judeu orgulhava-se de ser dentro do próprio grupo um ser livre entre seres livres. Fraco como indivíduo, sentia-se forte como membro da comunidade. Seus interesses espirituais, absorvidos pela Torá e pela Sinagoga, emolduravam seu pequeno mundo com horizontes metafísicos amplos, tão estáveis e nítidos como o calendário das festas judaicas. Vivia num "universo explicado", no qual mesmo o mistério tinha um lugar certo e o próprio mal a sua função.

A dissolução desta estrutura sólida não só acentuou as discrepâncias econômicas e sociais; dificultou também a participação espiritual na *res publica* teocrática. O ensino religioso restringiu-se a círculos cada vez menores e a superioridade da elite douta, já em si considerável, cresceu de forma desmedida. Abria-se um verdadeiro abismo entre a *intelligentsia* e o povo. Enquanto a massa embrutecia, a elite se esterilizava na torre de marfim da escolástica talmúdica. Esta alienação entre a pequena camada erudita e a vasta maioria teve graves efeitos sobre a ordem sagrada, cujo ritualismo minucioso dominava todos os momentos, mesmo da vida profana, e sobre cuja observação os chefes religiosos exerciam severa vigilância. As inúmeras leis do rito perdiam seu sentido, na medida em que a massa se alheava dos fundamentos espirituais da religião e se tornava incapaz de penetrar nos meandros complexos de uma infinidade de usos e práticas impostos pelo rigor dos rabinos. Numa sociedade que girava inteiramente em torno do sagrado, tal situação era desastrosa. Os valores espirituais, fortaleza onde encontravam abrigo e compensação as massas vilipendiadas pelo mundo-ambiente, como que lhes escapavam e se diluíam na rabulística dos rabinos. Marginais e não participantes em relação à sociedade ampla, viam extinguir-se também a sua participação nos interesses centrais da própria comunidade. Era como se Deus se afastasse inteiramente delas e como se, perdidas no labirinto inextricável da lei rabínica, se defrontassem com um universo esvaziado de todo sentido. Era o exílio definitivo, a angustiosa situação do estranho no seio da própria comunidade.

É a partir de tal situação que talvez se possa entender o surto extraordinário de um movimento religioso que parecia subverter toda a ordem dos valores espirituais (e com isso a da hierarquia social), ao deslocar a ênfase, até então posta na erudição, para a subjetividade do sentimento religioso. A imensa repercussão do Hassidismo nas massas populares, quase imediatamente depois da sua função por Israel Ben Eliezer, chamado o Baal Schem Tov (o rabi do bom nome, do nome propiciador), nos meados do século XVIII, decorre em essência dessa renovação do fervor religioso, da valorização mais da fé subjetiva do que dos conteúdos e leis objetivas da religião. Movimento dos humildes e desafortunados, nele se traduz o veemente protesto daqueles que não tinham ócio nem recursos para estudar as minúcias da *Torá* e do *Talmud*. Mas sob a forma religiosa — de que nesta sociedade se revestiram todos os ressentimentos e aspirações — sem dúvida fervilhava um forte impulso social, à semelhança do que se nota em muitos movimentos místicos brasileiros. Jorge Andrade, em *Vereda da Salvação*, ressaltou ainda recentemente esse fato com grande poder dramático. Esse impulso social do Hassidismo dirigia-se não só contra a soberba da elite intelectual, mas também contra as desigualdades em geral e contra as instituições envelhecidas, fato que é acentuado em *O Dibuk*. O povo simples e inculto sentia-se atraído por idéias que, em oposição ao ritual exato dos peritos e especialistas, salientavam o valor incomensurável da prece que brota do fundo da alma dos puros. É a prece fervorosa do *hassid* — do pio e beato autêntico — que estabelece a comunicação e comunhão com Deus.

Havia neste ressurgimento de tendências místicas — encaradas com desconfiança pelos expoentes oficiais da religião — sem dúvida certo desvio da tradição clássica, ligada a Maimônides e a uma espécie de escolástica medieval influenciada, nos seus aspectos filosóficos, por Aristóteles. À semelhança dos surtos místicos cristãos, geralmente alheios à escolástica aristotelizante, os *hassidim* hauriam, não diretamente mas por meio da Cabala, certa inspiração dir-se-ia romântica em Platão ou, mais de perto, no neoplatonismo, que por sua vez sofrera influências do gnosticismo judaico de Filo. Entretanto, embora tenha adotado idéias essenciais da teosofia cabalística, o Hassidismo diverge fortemente do ascetismo exacerbado de certo tipo pós-ibérico da Cabala, pelo valor que os mestres hassídicos atribuíam à alegria — ao canto, vinho e dança — e pela exaltação da vida que em alguns casos extremos chegou a revestir-se de feições orgiásticas, no tocante aos métodos de atingir o êxtase, a *unio mystica*. Havia, embora de forma atenuada, um elemento "dionisíaco" no Hassidismo, muitos de cujos adeptos sem dúvida subscreveriam a palavra do poeta persa Rumi: "Quem conhece o poder da dança, mora em Deus". Esse aspecto, aliás, visível também em *O Dibuk*, foi fixado por

Marc Chagall, cuja obra está impregnada de espírito hassídico e que foi escolhido para colaborar na apresentação da peça pelo Habima; só por circunstâncias fortuitas deixou de projetar a cenografia da obra. Para o verdadeiro *hassid*, de qualquer modo, a prece só tem valor quando inspirada pelo entusiasmo jubiloso do crente. Mágoas e tristezas "apertam" o espírito. "Entupindo" o coração, impedem o fluir e refluir das forças que pulsam entre os mundos superiores e inferiores, entre as esferas divina e humana.

A aproximação e quase interpenetração dessas esferas dá ao Hassidismo forte cunho panteísta e conduz a uma verdadeira remitização do universo que em todas as suas parcelas torna a desbordar de forças divinas. Reaparece no Hassidismo — e encontramos este motivo em *O Dibuk* — certo tipo de messianismo cabalístico, a crença de que o exílio da humanidade expulsa do paraíso e a diáspora dos judeus expulsos da Terra Santa representam apenas a repetição do exílio das centelhas divinas, dispersas e soterradas no mundo. "Em todas as coisas há uma fagulha divina", proclama o Baal Schem Tov; e Martin Buber, um dos intérpretes do Hassidismo, acrescenta: "A glória de Deus é banida para o desterro secreto, ela jaz agrilhoada no fundo de cada coisa. Mas em cada coisa ela é desatada pelo homem, na medida em que, pela visão e ação, liberta a alma desta coisa. Assim, a cada homem é dada a capacidade de afetar o destino de Deus pela sua própria vida". Graças ao influxo recíproco existente entre as esferas, o homem pode "salvar" as fagulhas e elevá-las à luz eterna de onde provieram. "O fim da criação do homem é que eleve o mundo à sua raiz, isto é, que o torne, pelo estudo, prece e boa obra, tão glorioso como no primeiro dia, ligando-o de novo a Ele..."

Em *O Dibuk* encontramos muitos pensamentos antes característicos da teosofia cabalística — da sua cosmogonia e escatologia — do que do ensinamento dos mestres hassídicos, mais propensos a meditar sobre a psicologia e o *ethos* da vida mística pessoal. No tecido de *O Dibuk* reveste-se de importância decisiva a doutrina teosófica de que o mal (degrau mais baixo do bem) é "o outro lado de Deus" e que mesmo no demônio há uma fagulha divina. Daí o paradoxo de alguns cabalistas terem considerado quase um imperativo moral a queda aos "abismos mais profundos" para elevar essas centelhas caídas à sua raiz divina. É como se a diástole cosmogônica do imenso processo criativo (mercê do qual a divindade se expande e desdobra, e suas emanações, de queda em queda, passam a constituir o mundo empírico e material) tivesse de atingir ao ponto escatológico — o abismo mais profundo e mais distanciado do *Ein Sof* (o "Sem Fim", princípio supremo da Cabala), para que possa começar a sístole, o retorno das centelhas exiladas, a ressurreição, a volta à "terra prometida". Não faltaram seitas cabalísticas (condenadas como heréticas) que exaltaram o ato pecaminoso capaz de apressar a vinda do Messias. Ainda no Hassidismo encontramos idéias semelhantes: em todas as ações humanas há centelhas sagradas, mesmo nos atos pecaminosos. "Quando o homem se arrepende e se penitencia, eleva as fagulhas encerradas no pecado ao mundo superior" (Baal Schem Tov). A idéia cabalística dos influxos mútuos foi ainda intensificada pelo Hassidismo. O *tzadik* — o santo e o mestre hassídico — é capaz de influenciar as decisões superiores com força mágica. Nesta comunicação com a esfera divina o fervor da prece reveste-se de intensidade erótica. O próprio ritmo, o balouçar-se do *hassid*, exprime e favorece as "núpcias espirituais" da oração. Esta é a "noiva que de início é enfeitada de muitos vestidos"; mas quando o piedoso a abraça, "tudo que a cobre é tirado dela...", a fim de os corpos poderem "tocar-se".

Os *tzadikim* reuniam em torno de si um círculo de adeptos fiéis, muitas vezes fanáticos, e eram venerados pelas massas populares. Serviam de intermediários entre as esferas — função que não se enquadra nas concepções do judaísmo ortodoxo. O rabino tradicional é, antes de tudo, o erudito comentador das escrituras e o guia espiritual dos fiéis. O *tzadik* é mais. Não comenta apenas a revelação, mas é, ele mesmo, fonte de revelação. Sua atuação não se baseia, como a do rabino, no saber e sim no carisma da sua personalidade. O seu valor religioso decorre da sua própria existência, do seu ser total, da sua presença psicofísica. "Aprendi *Torá*, o ensinamento divino, com todos os membros físicos do meu mestre", declara um *hassid*. No entanto, nem sequer se trata de aprender *Torá* graças à simples presença física do iluminado. Basta abrir-se à sua irradiação mágica. "Não fui ver o Maguid (famoso pregador ambulante) para com ele aprender *Torá*, mas a fim de ver como laça os cordões de seus sapatos". A subjetivação dos valores religiosos, a ênfase posta na vivência pessoal, vão a tal ponto que o antitradicionalismo se torna tradicional: "Por que não vives segundo a maneira de teu mestre?" pergunta-se a um *hassid*. "Ao contrário", responde. "Sigo-o com rigor; da mesma forma como ele abandonou seu mestre, abandonei-o eu por minha vez". Paradoxalmente, esta doutrina dirigida para o subjetivismo da fé individual, cuja essência não pode ser ensinada, criou um grande movimento de massas ansiosas de ensinamento. É o paradoxo de Kierkegaard, referente ao mestre cuja doutrina segundo a qual não se deve admitir discípulos atrai numerosos discípulos desejosos de difundirem esta doutrina. Há no Hassidismo um sutil humor religioso que por vezes se assemelha ao de Kafka.

O exposto mostra que, se o *tzadik* é intermediário, não substituía, pelo menos na fase sadia e criativa do movimento, o empenho ardente e a intenção sagrada dos seus fiéis. Apenas lhes facilitava o diálogo com Deus, libertando neles a força e o entusiasmo da prece fervorosa. Somente na fase da decadência e corrupção do movimento, no decurso do século XIX, o *tzadik* se impõe cada vez mais como intermediário mecânico e mágico entre Deus e as massas, atraindo pela sua oração a graça divina e tendo por isso direito a gordas recompensas. Todavia, é preciso reconhecer que o perigo do "baixo" hassidismo estava inerente desde o início ao movimento. O próprio Baal Schem Tov já exercia atividade de curandeiro, fazendo uso de passes, amuletos e talismãs.

Entretanto, na sua grande fase o Hassidismo tornou-se fonte de uma espantosa produtividade religiosa. Os famosos *tzadikim* costumavam narrar aos seus discípulos pequenos contos ou parábolas ou estes relatavam as façanhas dos seus mestres. Essas historietas e anedotas legendárias testemunham no seu conteúdo muitas vezes paradoxal o pensamento e a vida místicos dos santos hassídicos. A palavra não tem aí valor meramente literário. Ela é "verbo", *logos*, é espírito e ação, e transmite o acontecido "fatalmente" às gerações futuras. O narrar é o próprio acontecer e tem o valor carismático de um ato sagrado. O verbo genuíno reveste-se ainda do seu sentido mítico-mágico primevo, ele é, é de fato, e não apenas representa a coisa. Nele se manifesta a luz divina que, impregnando todos os atos do *tzadik*, jorra também do seu verbo. Pediu-se a um rabi, cujo avô fora discípulo do Baal Schem Tov, que narrasse um conto. "Um conto, responde o rabi, deve ser narrado de modo a se transformar em auxílio." E narrou:

> Meu avô era aleijado. Certa vez pediu-se-lhe que narrasse um caso de seu mestre. Então ele narrou como o santo Baal Schem Tov costumava saltar e dançar enquanto rezava. Meu avô estava de pé, parado, e narrava e a narração empolgou-o de tal modo que, embora aleijado, se pôs, ele mesmo, a saltar e dançar para demonstrar como o fizera o mestre. Desde aquela hora estava curado. É assim que se deve narrar uma história.

Observa-se o afastamento temporal, quase mítico, do acontecido: pede-se um conto a um rabi, cujo avô fora discípulo do santo; o narrador narra o que outrem narrou de alguém que narrara uma façanha de outrem... O processo lembra a maneira de como Platão dá realce dir-se-ia mítico a um diálogo. Também em *O Dibuk* se narram contos assim.

Os contos hassídicos representam um dos mais preciosos tesouros da literatura religiosa judaica e universal. Neles vive o espírito do Hassidismo — espírito ao mesmo tempo ingênuo, sagaz e profundo. Entretanto, através da encantadora e humilde simplicidade destas anedotas lendárias transparecem pensamentos e atitudes milenares, muitas vezes contraditórios, mas fundidos no calor de uma ardente vivência mística. A irrupção do Hassidismo em pleno século XVIII, século da Ilustração, de Voltaire, Hume e Kant, de Diderot e Lessing, é ao mesmo tempo anacrônica e magnificente, na sua síntese de idéias e anelos remotos que ligam o Hassidismo à grande tradição da revolta contra o pensamento e os dogmas tradicionais de cunho oficial. Revolta de um mundo quase sempre subterrâneo, arcaico e misterioso, anti-racionalista e anticientífico, mas que ainda assim faz parte da totalidade do espírito ocidental. Movimentos semelhantes desempenharam papel importante no mundo cristão, alcançando também relevo no Brasil. O seu fervor e autenticidade, freqüentemente dispersos e malbaratados entre seitas estranhas, às vezes absurdas, às vezes confusas e mesmo perigosas, constituem, quando filtrados e canalizados em função de valores objetivos, uma fonte de renovações e renascimentos, manancial inesgotável de energias espirituais.

* * *

Todo este mundo remoto revive com força avassaladora e primitiva na "lenda dramática" de *O Dibuk*, magicamente invocado pela arte de An-Ski que, na carinhosa tradução portuguesa de Jacó Guinsburg, conserva toda a sua pujança. Conquanto ainda existam, espalhados pelo mundo, grupos hassídicos, trata-se de certo modo da "escavação de uma Pompéia espiritual". No entanto, seria uma injustiça se considerássemos An-Ski apenas colecionador folclorístico ou um arqueólogo do Hassidismo. Sem dúvida percorreu amplas regiões do Leste europeu para recolher o material folclórico dos grupos judaicos ali radicados. Antes de tudo, porém, é um poeta de grande força de evocação. Por mais que se tenha identificado com o mundo hassídico e participado da sua experiência vivida de mística e magia, o poeta ultrapassou o particular e pitoresco para alcançar o universalmente humano.

Seria fácil mostrar que faltam à peça muitas das qualidades que se costuma exigir de uma grande obra teatral. Não há construção dramática rigorosa, a exposição é lenta e pesada, o diálogo carece, em largos trechos, de dramaticidade e o elemento narrativo, destinado a situar o ambiente social e espiritual acima exposto, sufoca com freqüência a ação, sem que o autor se tenha dado conta da problemática formal manifesta no forte cunho narrativo da sua "lenda dramática". Deste modo, nem sempre consegue evitar a impressão de que expõe material folclórico a um público "esclarecido" e moderno que precisa ser posto a par dos costumes de um mundo remoto.

Tudo isso, porém, pouco ou nada significa em face da sua extraordinária capacidade de comunicar o clima espiritual e emocional do Hassidismo e de traduzir em poesia a situação humana e social do gueto. O mundo hassídico, por si só, contém tanta riqueza de sugestões, transborda de tamanha força coletiva que só precisava de um porta-voz adequado para que resultasse uma obra-prima. Evidentemente, o porta-voz tinha de ser congenial ao seu tema. A sua arte se manifesta sobretudo na seleção e estilização, pois a matéria literária já lhe veio das lendas e parábolas hassídicas e da sociedade do gueto, com seu folclore de incomparável beleza, com suas figuras de *tzadikim, rabinos, hassidim, balebatim, batlonim,* cuja situação e função social nos são explicadas pelas notas de Jacó Guinsburg. Acresce a aura espiritual em que An-Ski soube envolver esse mundo — aura inerente mais ao folclore do que à própria realidade social. Essa realidade encontra-se na obra transfigurada através de um processo de depuração que, no entanto, não parece deformar os traços essenciais. Poder-se-ia dizer que o autor deu um verdadeiro banho de beleza àquele mundo — banho certamente necessário. Daí a sensação de inominável pureza que se tem ao apreciar *O Dibuk*.

Essa pureza manifesta-se de modo particular na figura de Lea e no seu amor por Hanã, o cabalista. Hanã une-se "aos entes das trevas" e recorre a práticas de magia negra para vencer a resistência do pai da amada, o rico *Reb* Sender que, desprezando o pobre cabalista, pretende casar a filha com um moço de "boa família" (isto é, família rica), apesar de romper assim a palavra dada ao falecido pai de Hanã. Enquanto isso, o jovem asceta sucumbe aos próprios feitiços. É "atingido" pelas forças malignas, morrendo ao momento em que vê a amada coagida a casar-se com outrem. Morto, penetra como *dibuk* no corpo da amada, que enlouquece. É uma variação de um tema universal, do amor-paixão fatal, tornado destrutivo pelos obstáculos que lhe impedem a realização. Romeu e Julieta no gueto. Mas que distância entre o esplendor sensual e a barroca efusividade da linguagem de Shakespeare e a reserva casta e cheia de reticências de An-Ski, que mais sugere do que expõe a paixão. No decurso da peça, o jovem Hanã — enquanto vivo — só tem um único encontro com Lea e mesmo nessa ocasião só a vê de longe, na sinagoga. Apenas através de gestos é sugerida a paixão que lhes abrasa os corações. Não fica bem "a uma moça falar com um rapaz estranho", diz Lea à sua companheira e "acaricia e beija a cortina" que é "tão terna e melancólica". Abraça também a *Torá* e "oprime o rolo contra os lábios, beijando-o apaixonadamente", enquanto Hanã a observa à distância. A mistura de volúpia e pureza, nesta cena, é de infinita beleza no palco. É preciso saber que, na concepção mística, a Torá não é apenas a lei, fria e seca, feita de palavras e sentenças, mas a encarnação vivente da sabedoria divina. Dela emanam raios que pulsam na harmonia cósmica e que fazem dençar as nuvens, impelindo a luz e a relva a abraçar-se aos beijos. Mas mesmo àqueles que nada souberem dessas particularidades, mesmo àqueles que não se ativerem aos aspectos peculiares do folclore e do hassidismo, sem dúvida se revelará a força poética desse amor, cuja eternidade é selada por sagrado acordo dos pais e que não pode ser desfeito pelo rompimento da promessa por parte de Sender.

Na esfera espiritual da peça não se estranha que Hanã exponha toda uma teoria "rasputiniana" da santidade do pecado, conforme os preceitos cabalísticos já expostos. "Tudo o que Deus criou tem uma centelha de santidade..." O pecado é obra de Satã, mas "quem criou Satã?" Deus, também. "Satã é o nome do outro lado de Deus. E, por ser um lado de Deus, Satã contém em si, necessariamente, santidade" (pensamento que é também básico no *Fausto*, de Goethe: Deus toca o órgão enquanto o demônio move os foles). O maior pecado não será desejar uma mulher? Mas, "quando esse pecado se purifica na chama de um fogo intenso, a mais negra mácula se transforma na mais pura santidade... Torna-se o Cântico dos Cânticos..." O pecado é superado e elevado ao reino divino.

Considera-se em geral *O Dibuk* como uma glorificação do Hassidismo. Com efeito, An-Ski soube valorizar certos aspectos daquele movimento, particularmente a beleza dos seus contos lendários. Mas não se pode deixar de reconhecer os traços de crítica social contidos na peça; crítica que atinge não só a sociedade do gueto com seus ricaços sovinas e com seus pobretões e beatos pacientes e inertes, sem outra profissão que a de rezar, mas também o próprio misticismo enquanto, invertendo a rebeldia inicial, passa a fornecer motivos de evasão do mundo real, motivos tendentes a justificar uma vida paralisada, ociosa e indolente que se esgota na exaltação da emotividade religiosa.

A figura do pai de Lea, comerciante rico que causa a desgraça dos namorados, não passa do estereótipo tradicional, maravilhosamente expresso na parábola do "*hassid* opulento e sovina" que, olhando através da janela para a rua, vê gente andando, mas olhando o espelho vê apenas a si mesmo, pois "A janela é de vidro e o espelho também é de vidro. Mas, o vidro do espelho é um pouco prateado, e uma vez que é prateado, deixa-se de ver gente e começa a enxergar apenas a si próprio".

Todavia, muito mais importante que essa crítica explícita é o fato de que o *tzadik* — empenhado em esconjurar o *dibuk* — fracassa com toda a sua magia; já não é um dos grandes *tzadikim*, mas um sucessor fraco que duvida da sua própria força. Ainda que triunfe sobre o *dibuk*, expulsando-o do corpo de Lea, graças aos seus exorcismos, não consegue vencer o amor "transformado na mais pura santidade"; não consegue desfazer o laço da paixão e não tem o poder para impor o noivo escolhido pelo pai de quem o *tzadik*, afinal, se torna cúmplice involuntário. No malogro do *tzadik* fracassa toda uma sociedade com seus padrões envelhecidos que não dão margem à paixão terrena, à escolha individual e à personalidade autônoma da mulher. E o expoente do hassidismo fracassa diante da intervenção da transcendência representada pelo misterioso "mensageiro", personagem central da peça. Esta encarnação do Profeta Elias é o verdadeiro intermediário entre as esferas mais altas e este mundo de aparências. É, no fundo, o mensageiro que provoca o desenlace do drama ao sugerir a Lea o mecanismo da loucura — se é admissível uma interpretação psicológica que reduz o *dibuk* real da lenda a uma projeção psíquica de Lea, "possessa" pela alma do seu namorado morto. Ao narrar a Lea a lenda do *dibuk*, o mensageiro dá-lhe por assim dizer a mão, ajudando-a a fugir para a doença e a morte e a unir a sua alma misticamente à do amado. É essa intervenção mais alta que restabelece o equilíbrio, ao unir para toda a eternidade o que foi dissolvido no mundo terreno pelo cálculo mesquinho.

A figura do mensageiro e intermediário — espécie de Hermes judaico, psicagogo que guia as almas para o outro mundo — faz parte do mito universal. Ela aparece também na obra *José e seus Irmãos*, de Thomas Mann, com a mesma função que lhe cabe em *O Dibuk*. Guia José para a desgraça, para a "queda" no poço, que é o início da sua ressurreição, como a queda dos namorados na loucura e no pecado da magia negra é o começo da sua redenção.

> Por que, por que
> do cimo das alturas
> caiu a alma
> no mais profundo dos abismos?
> A queda, em si mesma,
> contém a ressurreição...

Este canto, com que se inicia e encerra *O Dibuk*, e que poderia constar também no *Fausto*, de Goethe, projeta o drama de Lea e Hanã contra um imenso fundo cósmico. Através da sua queda e redenção, mercê do que se elevam as centelhas desterradas à sua raiz divina, transparece o plano metafísico universal.

Pondo de lado a exaltação do amor, tema fundamental da obra, *O Dibuk* é, em última análise, um enaltecimento dos aspectos positivos do Hassidismo e uma crítica aos elementos que se impuseram na fase de sua decadência. Não é uma tragédia: num mundo em que todos os males se resolvem segundo os desígnios do plano cósmico superior, estabelecido por uma divindade onipotente e de suma bondade, não pode haver tragédia. Ainda assim, o drama tem o efeito catártico que Aristóteles exige da tragédia. Toda grande arte tem efeito purificador e libertador. Mensageira também e intermediária alada entre as esferas, a arte, com sua "magia branca", exorcisma e esconjura os *dibukim* e demônios que povoam a nossa mente.

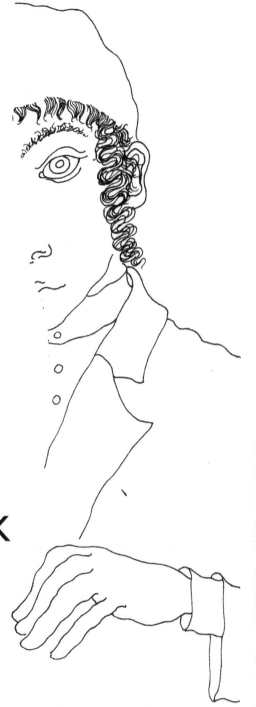

PERSONAGENS

REB SENDER BRÍNITZER (de Brínitze)
LEA .... sua filha
FRADE .... velha ama de Lea
GUITEL .... amiga de Lea
BÁSSIA .... amiga de Lea
MENASCHE ..... noivo de Lea
NACHMAN ...... pai de Menasche
RABI MENDEL .. professor de Menasche
O MENSAGEIRO
RABI AZRIEL ... de Miropol, um *tzadik*
MIKHAL .... seu *gabai*
RAV SANSÃO ... rabino da cidade Miropol
JUÍZES .... primeiro e segundo
MEIER .... bedel da sinagoga de Brínitze
HANÃ .... aluno da *ieschiva* em Brínitze
HENACH .... aluno da *ieschiva* em Brínitze
ASCHER .... aluno da *ieschiva* em Brínitze
BATLONIM ..... primeiro, segundo e terceiro *batlan*
HASSIDIM ...... primeiro, segundo e terceiro *hassid*

CONVIDADOS:

Mulher idosa, convidando corcunda, homem de muletas (gente pobre).

Mulher manca, mulher maneta, mulher cega (mulheres velhas e pobres).

Jovem alta e pálida, jovem com criança nos braços.

Mulheres jovens e pobres.

Hassidim, alunos da *ieschiva*, *balebatim*, convidados, pobretões e crianças.

O primeiro e segundo atos se passam em Brínitze.

O terceiro e o quarto, em Miropol. Entre o primeiro e o segundo ato decorrem três meses; entre o segundo e o terceiro, três dias; entre o terceiro e o quarto, doze horas.

ATO I

(Antes de o pano subir, em plena escuridão, ouve-se ao longe, baixinho, um canto místico:

Por que, por que,
do cimo das alturas,
caiu a alma
no mais profundo dos abismos?
A queda, em si mesma,
contém a ressurreição...

O pano sobe lentamente. Surge uma velha sinagoga de madeira, de paredes enegrecidas. Dois caibros sustentam o teto, de cujo centro um velho lustre de cobre pende sobre a bima, *coberta por uma toalha escura. No alto da parede do centro, pequenas janelas abrem-se para o balcão das mulheres. Junto à parede, um banco comprido e uma longa mesa de madeira, cheia de livros*[1], *amontoados em desordem. Sobre esta mesa, em dois pequenos castiçais de barro, ardem dois tocos de vela, que parecem ainda menores diante dos livros empilhados. À esquerda do banco e da mesa, uma pequena porta conduz a uma saleta de orações. No canto oposto, vê-se um armário de livros. Na parede, à direita: a Arca Sagrada, colocada no centro; à esquerda, a estante do chantre, onde, em memória de alguém*[2], *arde grossa vela de cera. Em*

---

1. *Sefarim*, em ídiche *sforim*, livros de orações, estudos e comentários religiosos.
2. *iotzait licht:* vela memorativa pela passagem de um aniversário de morte.

cada lado da Arca, uma janela. Bancos alinham-se ao longo da parede. Em frente aos bancos, estantes de oração. Na parede à esquerda: uma grande estufa de tijolos; ao lado, um banco e, diante do banco, comprida mesa, também repleta de livros; um lavabo e, perto dele, uma toalha presa a uma argola; uma porta larga, que se abre para a rua; depois da porta, uma canastra e, sobre esta, num nicho, arde uma Luz Perpétua. Perto da estante do chantre, Hemach está sentado numa cadeira, imerso na leitura de um livro. Em torno da mesa grande, cinco ou seis estudantes da ieschiva, *reclinados, em atitude de fadiga, lêem, murmurando uma suave e sonhadora cantilena talmúdica. Junto à bima, encurvado, Meier separa sacolas de filactérios e xales sagrados. Na parede à esquerda em redor da mesa, o primeiro, o segundo e o terceiro* batlan *cantam, perdidos em sonhos, com os olhos esbugalhados. No banco, junto à estufa, está deitado o mensageiro com a cabeça apoiada no saco de viagem. Hanã está de pé, com a mão apoiada na borda superior do armário de livros, entregue à profunda meditação. É noite. Um halo místico envolve a sinagoga. As sombras distendem-se nos cantos).*

PRIMEIRO, SEGUNDO E TERCEIRO *BATLAN* — (*Terminando de cantar*).

— Por que, por que,
do cimo das alturas,
caiu a alma
no mais profundo dos abismos?
A queda, em si mesma,
contém a ressurreição...

(*Longa pausa. Os três permanecem imóveis, mergulhados em sonhos.*)

PRIMEIRO *BATLAN* — (*Como quem conta uma história*), Rabi Dóvidl, de Tolne — que os seus méritos nos protejam! — tinha uma cadeira de ouro, com a seguinte inscrição: Davi, Rei de Israel, que vive eternamente. (*Pausa*).

SEGUNDO *BATLAN* — (*No mesmo tom*). E Rabi Isroel, de Rizjin, de abençoada memória, portava-se como um autêntico monarca. Uma orquestra de vinte e quatro músicos tocava sempre à sua mesa. E só viajava numa carruagem tirada por seis cavalos em linha.

TERCEIRO *BATLAN* — *(Com entusiasmo)*. E sobre Rabi Schmuel, de Câminke, conta-se que calçava chinelas de ouro. *(Extasiado).* — Chinelas de ouro!

MENSAGEIRO — *(Erguendo-se, fica sentado, ereto, sobre o banco, e começa a falar, calma e suavemente. Sua voz parece vir de longe).* O santo Rabi Susie, de Anipol, foi pobre a vida toda. Usava uma blusa de camponês, uma corda servia-lhe de cinto, e pedia esmolas. Nem por isso os seus feitos foram menores do que os do rabi de Tolne ou de Rizjin.

PRIMEIRO *BATLAN* — *(Descontente).* Perdão, nem sabes do que estamos falando e te intrometes na conversa. Comentar a grandeza de um rabi, de Tolne ou de Rizjin, significa, por ventura, falar de suas riquezas? Acaso são poucos os ricaços deste mundo? É preciso compreender que há um segredo profundo, um sentido oculto, tanto na cadeira de ouro, como nas chinelas douradas e na orquestra.

TERCEIRO *BATLAN* — É evidente. Quem não compreende isso?

SEGUNDO *BATLAN* — Quem estava de olhos abertos, viu. Contam que o rabi de Apt, quando encontrou pela primeira vez o rabi de Rizjin, lançou-se ao chão e beijou as rodas de sua carruagem. E quando lhe perguntaram qual o sentido disso, deu um grito: Tolos! Não vedes que é a própria *Carruagem do Senhor?*[3]

TERCEIRO *BATLAN* — *(Extasiado).* Ai, ai, ai!

PRIMEIRO *BATLAN* — A essência da questão está exatamente no fato de que a cadeira de ouro não era cadeira, que a orquestra não era orquestra, e que os cavalos não eram cavalos. Tudo isso era somente aparência, reflexo que lhes servia de traje, de estojo para a sua grandeza.

MENSAGEIRO — A verdadeira grandeza não necessita de belos trajes.

---

3. *Carruagem do Senhor* (no original) *Mercavá Schel Maalá*, ou seja, literalmente, carruagem do alto): alusão à divina carruagem da visão de Ezequiel, símbolo do mistério da revelação, que, ao lado do mistério da criação, forma um dos dois princípios básicos da Cabala.

PRIMEIRO *BATLAN* — Estás enganado. A verdadeira grandeza deve ter uma veste apropriada.

SEGUNDO *BATLAN* — *(Dando de ombros).* Sua grandeza! Seu poderio! Há como medi-los?

PRIMEIRO *BATLAN* — Assombroso poderio! Já ouviram a história do chicote do Rabi Schmelke, de Nikelsberg? Vale a pena escutá-la. Certa vez, um pobre e um rico vieram procurá-lo para acertar uma pendência. O rico era chegado às autoridades e todo o mundo tremia diante dele. Rabi Schmelke ouviu ambas as partes e proferiu uma sentença pela qual o pobre ganhava a causa. O rico ficou irritado e declarou que não cumpriria o veredicto. Rabi Schmelke replicou-lhe, calmamente: "Hás de cumpri-lo. A ordem de um rabino tem que ser obedecida!" Enraivecido o rico pôs-se a gritar: "Rio-me de vós e de vossa autoridade rabínica!" Então, Rabi Schmelke ergueu-se em toda a sua estatura: "Vais cumprir minha sentença já, neste instante! Senão pego meu chicote!"... Aí, o ricaço ficou inteiramente fora de si e começou a xingar e injuriar o rabino. Então Rabi Schmelke foi e puxou um pouco a gaveta da mesa. Pois não é que a própria Serpente do Paraíso, aquela antiqüíssima serpente, de súbito, saltou de dentro e se enroscou no pescoço do blasfemador. Meu Deus! Imaginem só o reboliço. O homem gritava e chorava: "Socorro, rabi! Perdoai-me! Farei tudo o que ordenardes! Mas retirai a serpente!" Disse-lhe, então, Rabi Schemelke: "Recomendarás agora a teus filhos e netos obediência ao rabi e temor ao seu chicote". E livrou o rico da serpente.

TERCEIRO *BATLAN* — Ah, ah, ah! Belo chicote! *(Pausa).*

SEGUNDO *BATLAN* — *(Para o primeiro).* Parece-me que incorreste num engano. A história não poderia ter acontecido com a própria Serpente do Paraíso...

TERCEIRO *BATLAN* — Como? Por quê?

SEGUNDO *BATLAN* — É muito simples. Não é possível que o Rabi Schmelke tivesse utilizado a Serpente do Paraíso. Esta é o próprio Satã, o próprio poder demoníaco, de que Deus nos livre! *(Cospe).*

TERCEIRO *BATLAN* — Mas que pergunta! Rabi Schmelke, decerto, sabia o que estava fazendo.

PRIMEIRO *BATLAN* — *(Ofendido).* Não te entendo. Conto uma história que aconteceu diante de todo o mundo... Dezenas de pessoas a testemunharam com os próprios olhos. E vens tu e dizes que isso é impossível... Falas só por falar.

SEGUNDO *BATLAN* — Deus me livre! Apenas julguei que não existissem nomes e combinações capazes de conjurar Samael[4] *(Cospe).*

MENSAGEIRO — Conjurar o demônio só se consegue invocando o poderoso *Duplo Nome de Deus*[5], cujas chamas fundem o mais alto pico de montanha com o mais profundo vale. *(Hanã ergue a cabeça e põe-se a escutar, com atenção.)*

TERCEIRO *BATLAN* — *(Inquieto).* E não haverá perigo em invocar-se o *Grande Nome?*[6]

MENSAGEIRO — *(Pensativo).* Perigo... Não... Somente o ardor excessivo de uma fagulha, desejosa de se transformar em labareda, poderia fazer o vaso explodir.

PRIMEIRO *BATLAN* — Na minha aldeia vive um *baal schem,* um taumaturgo, um mágico terrível. Com uma palavra, por exemplo, é capaz de atear um incêndio e, com outra, apagá-lo. Ele vê o que está acontecendo a cem milhas de distância. Um estalo de seus dedos faz o vinho jorrar da parede... E assim por diante. Pois foi ele mesmo quem me contou que conhecia nomes e encantamentos com os quais se pode criar um *golem,* ressuscitar os mortos, tornar alguém invisível, conjurar os maus espíritos e... até... o Satã... *(Cospe).* Ouvi isso de seus próprios lábios.

---

4. SAMAEL: o príncipe dos demônios. Nome pós-bíblico de Satã. Os judeus pronunciavam apenas as iniciais *S'M (Samech Men)* para designá-lo.

5. *Duplo Nome de Deus:* os judeus não proferiam o nome de Deus — *Ihwh* (comumente traduzido por Jeová, mas cuja pronúncia exata é ignorada); davam-lhe várias designações, entre as quais *Adonai, Elohim, Schadai,* ou simplesmente, o Nome. A mística judaica atribuía a estas denominações a capacidade de operar grandes milagres, quando devidamente combinadas e empregadas. Talvez, associação entre os nomes cabalísticos dos dois principais atributos de Deus, Misericórdia e Justiça, seja a palavra mágica mencionada no texto.

6. *Grande Nome: idem.*

HANÃ — *(Que até o momento permanecera imóvel, escutando atentamente a conversa, dá um passo em direção à mesa. Olha para o mensageiro, depois para o Primeiro batlan, e, em voz remota e sonhadora... diz...).* Onde está ele? *(O mensageiro fixa o seu olhar em Hanã e dele não mais desprega os olhos).*

PRIMEIRO *BATLAN* — *(Surpreso).* Quem?

HANÃ — O taumaturgo.

PRIMEIRO *BATLAN* — Onde há de estar?! Em minha aldeia, se é que ainda vive...

HANÃ — Longe daqui?

PRIMEIRO *BATLAN* — A aldeia? Longe. A uma grande distância. Bem no interior da Polésia!

HANÃ — Quanto tempo de caminhada?

PRIMEIRO *BATLAN* — Quanto tempo? Um mês, ou mais... *(Pausa).* Por que perguntas? Acaso pretendes visitá-lo? *(Hanã permanece calado).* A aldeia chama-se Crasne. Rabi Elkhanã é o nome do *baal schem*.

HANÃ — *(Assombrado, para si mesmo).* Elkhanã? El Hanã... Deus de Hanã.

PRIMEIRO *BATLAN* — *(Aos demais batlonim).* Digo-vos que ele é um feiticeiro. Em plena luz do dia, tentou, com uma palavra mágica...

SEGUNDO *BATLAN* — *(Interrompendo-o).* Chega de falar nessas coisas à noite! E ainda mais num lugar sagrado! Sem querer, alguém poderá — Deus nos guarde! — deixar escapar um nome, ou formar uma combinação cabalística, e acontecerá uma desgraça... Santo Deus! Já houve casos assim... *(Hanã sai vagarosamente. Todos o acompanham com o olhar. Pausa).*

MENSAGEIRO — Quem é esse rapaz?

PRIMEIRO *BATLAN* — Um rapaz. Um discípulo da *ieschiva*. *(Meier fecha as portinholas do púlpito e se aproxima da mesa).*

SEGUNDO *BATLAN* — Um vaso precioso, um gênio!

TERCEIRO *BATLAN* — Uma cabeça privilegiada! Sabe de cor, e na ponta da língua, quinhentas páginas do *Talmud!*

MENSAGEIRO — De onde veio?

MEIER — De algum lugar da Lituânia. Estudou aqui na *ieschiva*. Era conhecido como o melhor aluno. Foi ordenado rabino. E, de repente, desapareceu. Sumiu por um ano inteiro. Diziam que saíra pelo mundo em *Penitência do Galut*[7]. Regressou há pouco. Mas não é mais o mesmo. Está sempre pensativo, jejua de sábado a sábado e não pára de fazer abluções... *(Em voz murmurada).* Dizem que se ocupa da Cabala...

SEGUNDO *BATLAN* — *(Em tom sussurrado).* Na cidade também se fala nisso... Já foram, até, pedir-lhe amuletos. Mas ele não dá...

TERCEIRO *BATLAN* — Quem sabe o que ele é? Talvez seja dos grandes! Quem pode sabê-lo! E é perigoso espreitá-lo... *(Pausa).*

SEGUNDO BATLAN — *(Bocejando).* É tarde... Hora de dormir... *(Para o primeiro* batlan, *com um sorriso).* É pena que o vosso *baal schem* não esteja aqui, para tirar vinho da parede... Um trago de conhaque, agora, seria uma delícia. Hoje, não pus nada na boca, o dia inteiro!

PRIMEIRO *BATLAN* — Para mim, praticamente, também foi um dia de jejum. Desde a reza da manhã, só abençoei um bolinho de trigo sarraceno.

MEIER — *(Meio segredando, contente).* Esperem um pouco. Parece que logo mais beberemos uns bons goles. Sender viajou. Foi ver um noivo para sua única filha. Deixai só que ele assine, em boa hora, o contrato de noivado e verão o belo trago que ele irá nos oferecer.

SEGUNDO *BATLAN* — Oh! Não creio que ele chegue, um dia, a assinar qualquer contrato. Já são três os noivos que foi ver, e sempre voltou sem nada. Aqui, não lhe agrada o noivo. Ali, a linhagem não é bastante boa. Adiante o dote é insuficiente... Não se deve ser tão exigente!

MEIER — Sender pode se dar ao luxo. Que Deus o livre de mau olhado!, mas ele é rico, de boa linhagem e sua única filha é donzela de grande formosura...

TERCEIRO *BATLAN* — *(Com entusiasmo).* Eu gosto de Sender! É um autêntico *hassid*, bem daqueles de Miropol, com todo o fogo!...

---

7. *Penitência do Galut* (em ídiche, *Oprichten Goles*): prática por meio da qual os judeus devotos procuravam reduzir a duração de Exílio. O penitente, em trajes, de mendigo, errava pelo mundo, entregando-se a mortificações e atos piedosos.

PRIMEIRO *BATLAN* — *(Friamente)*. É um bom *hassid*, ninguém nega. Contudo, poderia casar a filha única de outra maneira.

TERCEIRO *BATLAN* — Como? De que forma?

PRIMEIRO *BATLAN* — Antigamente, quando um homem rico e, ainda mais, de boa família, pretendia casar uma filha, não costumava procurar dinheiro, nem estirpe, mas apenas valor pessoal. Ia à grande *ieschiva*, dava um belo presente ao reitor, e este se encarregava de lhe escolher um jovem que fosse a flor da escola. Sender também poderia proceder assim.

MENSAGEIRO — Talvez encontrasse mesmo aqui, na *ieschiva*, um noivo à altura.

PRIMEIRO *BATLAN* — *(Admirado)*. Como o sabeis?

MENSAGEIRO — É o que suponho.

TERCEIRO *BATLAN* — *(Apressado)*. Bem, bem, bem... Deixemos de maledicências. Especialmente em se tratando de pessoas amigas... Um casamento se faz com quem o destino manda... *(Abre-se a porta, inesperadamente, e uma mulher idosa entra correndo, conduzindo pela mão duas crianças)*.

MULHER IDOSA — *(Corre com as crianças em direção à Arca, chorando e gritando)*. Ai! Ai! Senhor do Universo! Ajudai-me! *(Precipita-se sobre a Arca)*. Filhinhos, vamos abrir a Arca Sagrada e nos atirar aos pés dos rolos da *Torá*. E daqui não sairemos enquanto nossas lágrimas não conseguirem a cura completa de vossa mãe! *(Abrindo a Arca, a mulher põe a cabeça entre os rolos e recita, em tom de súplica)*. Deus de Abraão, de Isaac e de Jacó! Voltai vosso olhar para a minha desdita e contemplai o sofrimento destas criancinhas... Não lhes arrebateis deste mundo a jovem mãe! Sagrados Rolos, rogai por uma viúva amargurada! Sagrados Rolos, queridas *Mães de Israel!*[8] Ide, correi ao Senhor do Universo, bradai, suplicai! Que a linda plantinha não seja arrancada com a própria raiz... Que a jovem pombinha não seja expulsa do ninho, que a mansa ovelhinha não seja arrebatada ao rebanho... *(Histericamente)*. Hei de romper mundos! Dividirei céus! Mas daqui não sairei enquanto não me devolverem a coroa da minha cabeça!

8. *Mães de Israel*: as Matriarcas Sara, Rebeca, Raquel e Lea.

MEIER — *(Aproximando-se, toca-lhe no ombro e diz calmamente)*. Ana-Ester, e se a gente reunisse um *mínian*, para recitar os Salmos?

MULHER IDOSA — *(Tirando a cabeça de dentro da Arca, olha para Meier, parecendo não compreender. De repente, começa a falar, presa de agitação)*. Ai! Reúnam o *mínian* para recitar os Salmos. Reúnam! Mas depressa, depressa! Cada minuto é precioso! Há dois dias que a coitada perdeu a fala e luta com a morte!...

MEIER — Agora mesmo. Convocarei imediatamente dez pessoas! *(Em voz de lástima)*. Mas é preciso dar-lhes algo pelo incômodo... São gente pobre...

MULHER IDOSA — *(Procurando no bolso)*. Aqui tens um *guilden!*[9] Cuida, porém, que os Salmos sejam ditos.

MEIER — Um *guilden*... Três *groschen* por pessoa... É pouco...

MULHER IDOSA — *(Não escutando)*. Vamos, crianças, corramos a outra sinagoga. *(Saem rapidamente)*.

MENSAGEIRO — *(Dirigindo-se ao terceiro* batlan*)*. Esta manhã a Arca foi aberta por uma mulher que rogou pela filha, que há dois dias sofre dores de parto e não consegue dar à luz. Agora a Arca abriu-se pelas mãos de outra mulher cuja filha, há dois dias, se debate com a morte...

TERCEIRO *BATLAN* — Bem. E daí?

MENSAGEIRO — *(Pensativo)*. Quando a alma de alguém que ainda não morreu tem de entrar no corpo de alguém que ainda não nasceu, trava-se uma luta. Morrendo a enferma, a criança nascerá, mas, se a doente se restabelecer, nascerá uma criança morta.

PRIMEIRO *BATLAN* — *(Surpreso)*. Ai, ai, ai! Como é cego o homem! Ele não vê o que acontece perto dele.

MEIER — *(Aproxima-se da mesa)*. Bem, eis que o Altíssimo deu um jeito de melhorarmos as coisas e molharmos a garganta. Primeiro a gente recita os Salmos, depois vira um copo. Ele se compadecerá e enviará à enferma uma cura completa.

9. Moeda que valia quinze copeques.

PRIMEIRO *BATLAN* — (*Aos rapazes que cochilam, sentados junto à mesa grande*). Rapazes! Quem deseja recitar Salmos? Cada um receberá um bolinho de trigo sarraceno. (*Os rapazes se levantam*). — Entremos na sala de orações. (*Os três batlonim, Meier e todos os alunos da ieschiva, exceto Henach, entram na sala de orações. Ouve-se, em seguida, em vozes plangentes, o salmo "Bem-aventurado o homem". Com os olhos fixos na Arca, o mensageiro permanece o tempo todo imóvel, junto à mesa menor. Longa pausa. Hanã entra*).

HANÃ — (*Extremamente fatigado, caminha absorto, como que sem rumo, em direção à Arca. Reparando que ela está aberta, detém-se, surpreso*). A Arca está aberta? Quem a abriu? Para quem foi a Arca descerrada no meio da noite? (*Olha para dentro da arca*). Os rolos da *Torá*... Ei-los aí, uns recostados nos outros, tão calados, tão tranqüilos. E neles se ocultam todas as alusões e todos os segredos... Todas as combinações cabalísticas. Desde os primeiros seis dias da criação, até o fim das gerações. E como é difícil extrair deles um segredo ou uma alusão! Como é difícil! (*Conta os rolos*). Um, dois, três, quatro, cinco, seis, sete, oito, nove rolos. Isto forma a palavra *Verdade*[10], segundo o *Sistema Menor*...[11] E, em cada rolo, *Quatro Árvores da Vida*...[12] Novamente o número trinta-e-seis! A todo instante eu tropeço neste número. E o que ele significa eu não sei. Sinto, porém, que aí reside toda a essência da questão. Trinta-e-seis é Lea. Três vezes trinta-e-seis é Hanã... Lea equivale a um *Lo'h*[13] ou seja: não-Deus... Não através de Deus.

---

10. *Verdade* (em hebraico, *Emet;* em ídiche, *emes*): dado o valor numérico do alfabeto hebraico, pela soma das letras — *Alef* (1), *Mem* (13), *Tav* (22) — que constituem a palavra *Emet*, obtemos o total de trinta e seis. Este número aparece freqüentemente nas lendas e especulações da mística judaica. O folclore hassídico, por exemplo, apresenta rica variedade de histórias sobre os *Trinta e Seis Justos* (v. glossário) que, talvez, sejam objeto da alusão que encontramos no texto.
11. *Sistema Menor:* método cabalístico de contagem e combinação das letras do alfabeto hebraico.
12. *Árvore da Vida:* os cabos nos quais se enrolam a *Torá.* Possível referência ao sistema cabalístico de Isaac Luria (ver pág. 14, exposto no livro de seu discípulo Haim Vital Calabrese, *A Árvore da Vida*).
13. *Lo'h* (*Lo Haschem*) — (não-o-Nome, não-Deus): Lea e *Lo'h* formam em hebraico palavras homógrafas, daí a interpretação.

(*Hanã estremece*). Que pensamento horrível. E como me atrai...

HENACH — (*Erguendo a cabeça, observa Hanã com atenção*). Hanã! Vagueias sonhando o tempo todo...

HANÃ — (*Afasta-se da Arca, aproxima-se lentamente de Henach, e pára, perdido em pensamentos*). Mistérios e alusões sem fim. E não é possível divisar o caminho reto... (*Pequena pausa*). A cidade chama-se Crasne. E o taumaturgo, Rabi Elkhanã...

HENACH — O que estás dizendo?

HANÃ — (*Como se despertasse de um transe*). Eu? Nada... Estava pensando...

HENACH — (*Meneando a cabeça*). Hanã, tu te aprofundaste demais na Cabala... Desde a tua volta não pegaste nenhum livro nas mãos.

HANÃ — (*Não entendendo*). Nenhum livro em minhas mãos? Que livro?

HENACH — Que pergunta! *Talmud*... Leis... é claro[14].

HANÃ — (*Distraído, ainda*). *Talmud*? Leis?... Não os peguei em minhas mãos?... O *Talmud* é frio e seco... As Leis são frias e secas... (*Subitamente volta a si e fala com vivacidade*). Debaixo da terra existe um mundo exatamente igual ao nosso. Nele existem, também, mares e desertos, campos e bosques, cidades e aldeias. Nos campos e bosques sopram ventos tempestuosos. Grandes navios sulcam os mares. E nas densas florestas, reina eterno medo e troam trovões... Uma coisa, porém, ali não há: um céu no alto de onde brotem relâmpagos de fogo e um sol que ofusque... Assim é o *Talmud*: profundo, imenso, majestoso. Todavia, nos acorrenta à terra e não nos permite alçar vôo rumo às alturas. (*Com fervor*). Mas a Cabala? A Cabala arranca a alma da terra! Ergue o homem ao mais alto palácio, abre aos olhos as portas de todos os céus, conduz diretamente ao *Pardes*, estende-se ao Sem-fim, revela uma ponta da grande cortina... (*Perdendo a intensidade*). Faltam-me as forças... Meu coração desfalece...

---

14. *Leis* (em hebraico, *Psokim* — legistas): livros das mais reconhecidas autoridades em legislação judaica.

HENACH — (*Gravemente*). Tudo isso é verdade. Esqueces, porém, que ascender às alturas, nas asas do êxtase, é extremamente perigoso. É fácil perder-se e cair no abismo... O *Talmud* eleva a alma às alturas, mas lentamente, protegendo o homem, como guarda fiel, que não dorme, nem cochila. O *Talmud* reveste o homem de uma couraça de ferro, impedindo que ele se desvie do verdadeiro caminho, nem para a direita e nem para a esquerda. E a Cabala? Lembra-te do que diz o *Talmud (Recita a passagem com a cantilena talmúdica)*: "Quatro entraram no *Pardes: Ben* Azai, *Ben* Zomá, Ekhar e Rabi Akiba. *Ben* Azai olhou e morreu. *Ben* Zomá espiou e enlouqueceu. Ekhar cortou as raízes, renunciou aos fundamentos da fé. Somente Rabi Akiba entrou e saiu incólume..."[15].

HANÃ — Não queira assustar-me com eles. Não sabemos como nem com o que foram. Talvez, tenham tropeçado porque foram apenas observar e não elevar-se a si próprios... Pois sabemos que outros ainda foram depois deles: *Ari, o Santo*[16] e o *Baal Schem Tov*...[17] E não falharam.

HENACH — E tu te comparas a eles?

HANÃ — Não, não me comparo. Sigo o meu próprio caminho...

HENACH — E que caminho é esse?

HANÃ — Tu não me compreenderás.

HENACH — Eu o compreenderei, sim. A minha alma sente-se, também, atraída pelas altas esferas.

HANÃ — (*Reflete um instante*). O trabalho dos nossos *tzadikim*, os justos, consiste em purificar a alma dos

---

15. Referência a uma antiga doutrina esotérica judaica que o *Talmud* menciona na passagem acima citada. Ver no glossário: *Pardes*.

16. *Ar'i o Santo*: abreviação das iniciais de Aschkenazi Rabi Isaac, ou Isaac Luria, místico e fundador da nova Cabala. Nasceu em Jerusalém, em 1534, e morreu em 1572, na cidade de Sfad. *Ari*, em hebraico, quer dizer — leão.

17. *Baal Schem Tov* (o Rabi do Bom Nome): nome pelo qual era conhecido Rabi Israel, o fundador do Hassidismo, e uma das mais interessantes figuras da história judaica. Ignora-se a data certa de seu nascimento, acredita-se, porém, que tenha ocorrido em fins do século XVII ou princípios do século XVIII. Faleceu em 1760.

homens, arrebatá-la ao demônio do pecado e erguê-la à altura de sua fonte resplendente. A tarefa é árdua, pois "o pecado sempre ronda à porta". Purificada uma alma, outra surge em seu lugar, maculada por pecados maiores. Mal conseguem levar uma geração à penitência e eis que outra surge, ainda mais obstinada... E as gerações são cada vez mais fracas, o pecado é cada vez mais forte, e o número de *tzadikim*, cada vez menor.

HENACH — E na tua ordem de idéias, o que se deve fazer?

HANÃ — (*Suavemente, mas com firmeza*). Não combater o pecado, e, sim, redimi-lo. Como o ourives, que purifica o ouro ao calor de uma chama intensa; como o lavrador, que separa o joio do trigo; assim é preciso purgar o pecado de suas impurezas, para que nele reste apenas santidade...

HENACH — (*Surpreendido*). Santidade no pecado? De onde vem isso?

HANÃ — Tudo o que Deus criou tem uma centelha de santidade...

HENACH — O pecado não foi obra de Deus, mas de Satã.

HANÃ — E quem criou Satã? Deus, também. Satã é o nome do outro lado de Deus. E, por ser um lado de Deus, contém em si, necessariamente, santidade.

HENACH — (*Desconcertado*). Santidade em Satã? Eu não posso admiti-lo! Eu não compreendo. Deixa-me refletir! (*Enterra a cabeça entre as mãos, apoiando os cotovelos na estante. Pausa*).

HANÃ — (*Aproxima-se e, inclinando-se, segreda-lhe ao ouvido, com voz trêmula*). Qual é o maior dos pecados? Qual o mais difícil de ser dominado? Não é o desejar a mulher? Não é?

HENACH — (*Sem erguer a cabeça*). Sim.

HANÃ — E quando esse pecado se purifica na chama de um fogo intenso, a mais negra mácula se transforma na mais pura santidade... Torna-se Cântico dos Cânticos. (*Com a respiração suspensa*). Cântico dos Cânticos! (*Endireitando o corpo, começa a cantar baixinho, a voz vibrando em êxtase*). "És bela, minha amada, és bela! Os teus olhos, sob as pálpebras, espreitam como pombas. Os teus cabelos são como cabritinhos descendo do monte Guilead. Brancas ovelhinhas saídas do banho, teus dentes são gêmeos que se multiplicaram..." (*Meier sai da sala de orações. Ouve-se uma leve pancada na porta da rua, que se abre vacilante. Lea entra, segurando a mão de Frade. Guitel vem atrás delas. Param perto da porta*).

MEIER — (*Avistando-as, muito surpreso, diz, em voz lisonjeira e entusiasta*). Vede!... A filha de Reb Sender... Leazinha...

LEA — (*Envergonhada*). Ainda estais lembrado? Prometestes mostrar-me as velhas cortinas bordadas da Arca... (*Assim que ouve a voz de Lea, Hanã interrompe o cântico. Seus olhos fitam-na, arregalados. Durante o tempo em que Lea permanece na sinagoga, Hanã ora a contempla, ora cerra as pálpebras, em êxtase*).

FRADE — Mostrai, Meier querido, mostrai as velhas cortinas, as mais belas... Leazinha prometeu bordar uma cortina nova, para o aniversário da morte da mãe. Ela a fará do mais puro ouro, no mais fino veludo, como se bordava antigamente... Com leões e águias pequeninas... E quando pendurarem a cortina na Arca Sagrada, a alma pura de sua mãe irá rejubilar-se, no Paraíso. (*Lea olha timidamente ao redor, nota a presença de Hanã e, perturbada, baixa os olhos. Permanece assim, tensa, o tempo todo*).

MEIER — Oh! Com todo o prazer! Como não, como não! Trarei imediatamente as mais belas cortinas, as mais antigas. (*Acerca-se da canastra, perto da porta, e retira várias cortinas*).

GUITEL — (*Segurando a mão de Lea*). Lea, querida, não tens medo de ficar, à noite, na sinagoga?

LEA — Jamais estive na sinagoga à noite... Só no dia de *Simhat Torá*. Mas, nesse dia, tudo é alegria e luz. Agora, porém... Que tristeza reina aqui... Que tristeza!

FRADE — Filhinhas, uma sinagoga tem de ser triste. À meia-noite, os mortos vêm nela rezar e deixar suas dores.

GUITEL — Vovozinha! Não fales nos mortos... Tenho medo!

FRADE — (*Sem ouvi-la*). E todas as manhãs, quando o Altíssimo chora sobre as ruínas do Sagrado Templo, suas lágrimas santas caem sobre as sinagogas. É por isso que as paredes dos velhos templos estão manchadas de lágrimas, e não se deve pintá-las. Se lhes passamos cal, elas se enfurecem e se põem a jogar pedras.

LEA — Como é antiga, como é antiga! Por fora não se percebe tanto.

FRADE — É antiga, muito antiga, filhinha. Dizem, até, que a encontraram já construída, debaixo da terra. Quantas destruições já houve aqui... Quantas vezes a cidade inteira foi reduzida a cinzas! A sinagoga, porém, sempre permaneceu intacta. Certo dia, o telhado pegou fogo. Mas acorreram pombas, inúmeras pombinhas. Começaram a abanar as asinhas e apagaram o incêndio...

LEA — (*Sem escutá-la, como se falasse consigo mesma*). Como é triste! Como é encantadora! Não sinto vontade de partir. Gostaria de ajoelhar-me junto às paredes estriadas pelas lágrimas, abraçá-las carinhosamente e perguntar-lhes: por que estais tão tristes, tão silentes e tão melancólicas? Gostaria... Eu mesma nem sei o quê. Mas sei que o meu coração se despedaça de ternura e compaixão...

MEIER — (*Traz as cortinas e estende uma delas sobre a* bima). Esta é a mais antiga. Tem mais de duzentos anos. Só é usada nos dias de *Pessach*.

GUITEL — (*Extasiada*). Olha, Lea querida, vê quanta suntuosidade! Sobre o veludo marrom-escuro bordaram dois leões de ouro, sustentando uma Estrela de Davi. E de ambos os lados erguem-se duas árvores, com pombas pousadas nos galhos. Hoje em dia não se consegue mais nem ouro, nem veludo como esse.

LEA — A cortina também é terna e melancólica. (*Acaricia e beija a cortina*).

GUITEL — (*Segurando a mão de Lea, sussurra-lhe*). Repara, Lea querida, ali está um rapaz a te olhar. Como é estranha a expressão de seus olhos...

LEA — (*Baixando ainda mais o olhar*). É um discípulo da *ieschiva*, Hanã... Costumava comer em nossa casa...

GUITEL — Ele te olha de tal forma, como se os seus olhos te chamassem. Com certeza gostaria de se aproximar, mas não se atreve.

LEA — Eu gostaria de saber por que está tão pálido e triste. Certamente andou doente...

GUITEL — Ele não está triste. Os seus olhos fulguram.

LEA — Seus olhos cintilam sempre. Tem olhos assim. E quando conversa comigo, fica ofegante... Também eu... Não fica bem a uma moça falar com um rapaz estranho...

FRADE — (*Dirigindo-se a Meier*). Permitireis, Meier querido, que beijemos os santos rolos? Como é possível visitar a Casa de Deus e não beijar a sagrada *Torá*?

MEIER — Pois não, pois não! Vinde! (*Meier caminha à frente, em seguida Guitel, acompanhada de Frade. Lea vem atrás. Meier retira um rolo da* Torá, *estendendo-o para Frade, a fim de que ela o beije*).

LEA — (*Ao passar junto a Hanã, detém-se por um instante e murmura*). Boa noite, Hanã... Voltaste?

HANÃ — (*Com a respiração suspensa*). Sim...

FRADE — Vem, Lea, meu bem, beija os sagrados rolos! (*Lea aproxima-se da Arca, Meier apresenta-lhe a* Torá. *Abraçando-o, Lea oprime o rolo contra os lábios, beijando-o apaixonadamente*). Bem, filhinha, basta! Não se deve beijar muito um rolo sagrado, porque a *Torá* foi escrita com fogo negro sobre chamas brancas. (*De repente, assustada*). Santo Deus, como é tarde! Como é tarde! Vinde, filhinhas, vamos para casa! Vamos depressa para casa! (*Partem apressadas. Meier fecha a Arca e sai em seguida*).

HANÃ — (*Continua, por um momento, com os olhos cerrados. E entoa, em seguida, o Cântico dos Cânticos, prosseguindo no versículo interrompido*). "Rubros como uma fita de púrpura, teus lábios, quando falas, são só doçura. Como a romã, são as tuas faces, entre as tranças dos teus cabelos".

HENACH — (*Ergue a cabeça e fita Hanã*). Hanã, o que cantas? (*Hanã se cala, abre os olhos, contemplando*

Henach). Os cachos de tuas *peies* estão molhados. Estiveste novamente no banho ritual? [18]

HANÃ — Sim.

HENACH — Empregas os nomes mágicos, durante as abluções? Praticas as devoções e as contemplações, segundo o *Livro de Roziel*?

HANÃ — Sim.

HENACH — E não tens medo?

HANÃ — Não.

HENACH — E jejuas de sábado a sábado? Não é difícil demais para ti?

HANÃ — Mais difícil é, para mim, comer aos sábados, do que jejuar a semana inteira. Perdi o gosto pela comida. (*Pausa*).

HENACH — (*Com intimidade*). Com que objetivo fazes tudo isso? O que é que queres conseguir?

HANÃ — (*Como que falando para si mesmo*). Eu quero... Quero conseguir um diamante claro e cintilante, fundi-lo em lágrimas, nele embeber minha alma... Eu quero alcançar os raios do Terceiro Palácio, da Terceira Esfera Tiferet — A Beleza... [19] Quero... (*De repente, muito agitado*). Sim, ainda tenho de obter dois barris de ducados de ouro... Para aquele que só sabe contar ducados...

HENACH — (*Apavorado*). O que? Hanã, olha, cuidado! Pisas um caminho escorregadio... Por meio de forças sagradas não conseguirás tudo isso...

HANÃ — (*Em tom de desafio*). E se não for por meio dos poderes sagrados, hein? E se não for por meio dos poderes sagrados?

HENACH — (*Terrivelmente assustado*). Tenho medo de falar contigo! Tenho medo de ficar perto de ti! (*Sai

---

18. *Banho Ritual*: banho de imersão que a Cabala e os *hassidim* converteram numa cerimônia impregnada de mistérios e sentidos ocultos. A imersão num rio é de maior valor do que o banho ritual comum.

19. Alusão às *Sfirot* (lit., números — emanações e esferas místicas): a hierarquia dos dez poderes criadores, emanados de Deus, que constituem, segundo o sistema cabalístico, o fundamento da existência dos mundos.

precipitadamente. Hanã permanece imóvel, com uma expressão de desafio estampada nas faces. Meier volta da rua. O primeiro batlan sai da saleta de orações).

PRIMEIRO *BATLAN* — Recitei dezoito Salmos, e basta! Suponho que ninguém há de querer que se recitem, somente por uma moeda, todos os Salmos. Meier, vá e diga-lhes que terminem. Quando começam, não acabam mais. (*Ascher irrompe na sinagoga, extremamente agitado*).

ASCHER — Acabo de encontrar Boruch, o alfaiate. Veio de Climovka, onde Sender foi ter com a família do pretendente. Diz ele que não chegaram a um acordo. Sender exigiu que o pai do noivo sustentasse o casal durante dez anos. Mas este concordou em fazê-lo apenas durante cinco... Assim, cada qual voltou para sua casa...

MEIER — Já é a quarta vez!

PRIMEIRO *BATLAN* — É de partir o coração!

MENSAGEIRO — (*Para o primeiro* batlan, *com um sorriso*). E vós que afirmastes serem os casamentos obra do destino...

HANÃ — (*Retesando o corpo, exclama, em profundo êxtase*). Venci mais uma vez! (*Senta-se, exausto, sobre o banco, onde permanece, com uma expressão de felicidade no rosto*).

MENSAGEIRO — (*Tirando a lanterna do saco de viagem*). Já é hora de ganhar a estrada.

MEIER — Por que tanta pressa?

MENSAGEIRO — Sou mensageiro. Por meu intermédio, fidalgos enviam comunicações importantes e objetos preciosos. Tenho, pois, que me apressar. Não sou senhor do meu tempo.

MEIER — Poderíeis, ao menos, aguardar o amanhecer.

MENSAGEIRO — Ainda está longe a alvorada, e longo é o meu caminho. Partirei por volta da meia-noite.

MEIER — A escuridão, lá fora, é negra como o breu.

MENSAGEIRO — Com minha lanterna, não me perderei. (*O segundo e o terceiro* batlonim, *acompanhados dos discípulos da* ieschiva, *saem da sala de orações*).

SEGUNDO *BATLAN* — Boa sorte! Que o Altíssimo envie à enferma uma cura completa!

ATO I

TODOS — Oxalá! Amém!

PRIMEIRO *BATLAN* — Agora, não seria nada mau comprar com esta moeda, um pouco de aguardente e alguns bolinhos.

MEIER — Já tomei as providências. (*Tira do interior do capote uma garrafa e bolinhos*). Vamos para a antecâmara, lá beberemos à nossa saúde. (*Abre-se a porta. Sender entra, com o gabardo desabotoado, o chapéu jogado para trás, alegre. Seguem-no uns três ou quatro judeus*).

MEIER E OS *BATLONIM* — (*Em uníssono*). Oh! *Reb* Sender! Sede bem-vindo!

SENDER — Ao passar pela sinagoga, pensei: é preciso entrar e ver o que faz a nossa gente. (*Notando a garrafa na mão de Meier*). Pensei que estudavam ou conversavam sobre coisas elevadas. No entanto, vejo que se prepararam para tomar um gole. Ah, ah, ah! Legítimos *hassidim* de Miropol!

PRIMEIRO *BATLAN* — Tomareis um traguinho conosco, *Reb* Sender.

SENDER — Vagabundo! Eu mesmo vou providenciar um gole para todos. E um belo gole! Podem me dar os parabéns! Em boa hora, eu acertei o noivado de minha filha! (*Hanã se ergue, abalado*).

TODOS — Parabéns! Felicidades!

MEIER — E nos disseram há pouco que não havíeis chegado a um acordo com o pai do noivo e que o assunto dera em nada...

TERCEIRO *BATLAN* — E nós, que tanto nos afligimos!

SENDER — Na verdade, pouco faltou para que tudo gorasse. Mas, no último instante, o pai do noivo concordou e, em boa hora, assinamos o contrato de noivado.

HANÃ — Noivado?!... Noivado?!... Como assim? Como é possível? (*Com grande desespero*). Quer dizer, então, que de nada valeram os jejuns, nem os banhos, nem as purificações e as mortificações? Tudo em vão? E agora? Que caminho tomar? Com que forças? (*Abraça o próprio peito, retesa o corpo, sua face se ilumina, em êxtase*). Ah... Ah... Ah!... O mistério do *Duplo Nome* revelou-se a mim!!! Eu... Eu o vejo!... Eu... Eu... Venci! (*Cai por terra*).

MENSAGEIRO — (*Abrindo a lanterna*). A velinha se apagou. É preciso acender outra. (*Pausa aterradora*).

SENDER — Meier, por que está tão escuro aqui? Acenda algumas velas. (*Meier acende*).

MENSAGEIRO — (*Aproximando-se silenciosamente de Sender*). Chegastes a um acordo com o pai do noivo?

SENDER — (*Fita-o surpreendido e um pouco amedrontado*). Sim...

MENSAGEIRO — Acontece, às vezes, que a família do noivo promete, mas não cumpre a palavra. Outras vezes é necessário até recorrer ao tribunal rabínico. É preciso ter muita cautela...

SENDER — (*Alarmado, para Meier*). Quem é este homem? Não o conheço.

MEIER — Não é daqui... É um mensageiro...

SENDER — E o que deseja ele de mim?

MEIER — Não sei.

SENDER — (*Tranqüilizando-se*). Ascher! Dá um pulo à minha casa e diga-lhes que preparem vinho, compotas e algo de bom para se comer. Depressa, vai num pé! (*Ascher sai correndo*). Enquanto lá preparam as coisas, vamos nos sentar um pouco por aqui e nos divertir... Alguém, talvez, saiba de um novo milagre, dito ou parábola do nosso rabi. Cada gesto seu é mais precioso do que pérolas.

PRIMEIRO *BATLAN* — (*Para Meier*). Esconde a garrafa. Amanhã ela nos será útil. (*Meier a esconde*).

MENSAGEIRO — Eu vos contarei uma parábola do rabi. Um dia, ele recebeu a visita de um *hassid* opulento, mas terrivelmente sovina. Tomando-lhe as mãos, o rabi levou-o até uma janela e lhe disse: "Olha". O *hassid* olhou para a rua. "O que vês?", perguntou-lhe o rabi. "Vejo gente", respondeu o ricaço. Então, segurando-lhe novamente as mãos, o rabi conduziu-o diante de um espelho, e lhe disse: "Olha. O que vês agora?" E o *hassid* respondeu: "Agora vejo-me a mim mesmo". Falou-lhe pois, o rabi: "Compreendes? A janela é de vidro e o espelho também é de vidro. Mas, o vidro do espelho é um pouco prateado, e uma vez que é prateado, deixa-se de ver gente e começa-se a enxergar apenas a si próprio".

ATO I

TERCEIRO *BATLAN* — Oh! Oh! Oh! Isto é mais doce que mel!

PRIMEIRO *BATLAN* — Santas palavras!...

SENDER — (*Para o mensageiro*). O que, hein? Quisestes me dar uma alfinetada?

MENSAGEIRO — Deus me livre!

SEGUNDO *BATLAN* — Devíamos cantar alguma coisa. (*Dirigindo-se ao terceiro batlan*). Canta a canção do rabi. (*O terceiro batlan entoa uma suave e mística melodia hassídica. Todos o acompanham em surdina*).

SENDER — (*Erguendo-se, de um salto*). E agora, uma dança, uma dança em roda! Como? Sender casa a filha única e isso não é motivo para uma dança? Que espécie de *hassidim* de Miropol seríamos nós? (*Sender, os três batlonim e Meier colocam os braços, uns nos ombros dos outros, formando uma roda. Com os olhos brilhantes, efusivos, todos cantam uma melodia monótona e mística, e começam a girar lentamente. Sender sai da roda e brada, alegremente...*). E agora uma dança alegre. Venham todos!

SEGUNDO *BATLAN* — Rapazes, rapazes! Venham todos. (*Alguns outros entram, também, na roda*). Henach, Hanã! Onde estais? Vinde aqui! É uma dança alegre!

SENDER — (*Um pouco perturbado*). Ah, ah! Hanã! O meu pequeno Hanã está aqui? Onde está ele? Tragam-no logo!

MEIER — (*Avista Hanã estirado no chão*). Está dormindo no chão!

SENDER — Vamos, acorda-o, acorda-o!

MEIER — (*Tenta despertá-lo. Assusta-se*). Ele não acorda. (*Aproximam-se todos, curvam-se sobre Hanã e procuram despertá-lo*).

PRIMEIRO *BATLAN* — (*Apavorado*). Ele morreu!!!

SEGUNDO *BATLAN* — O *Livro de Roziel*, o anjo, caiu de suas mãos! (*Consternação geral*).

MENSAGEIRO — Ele foi atingido.

CAI A CORTINA

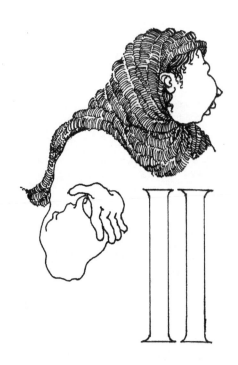

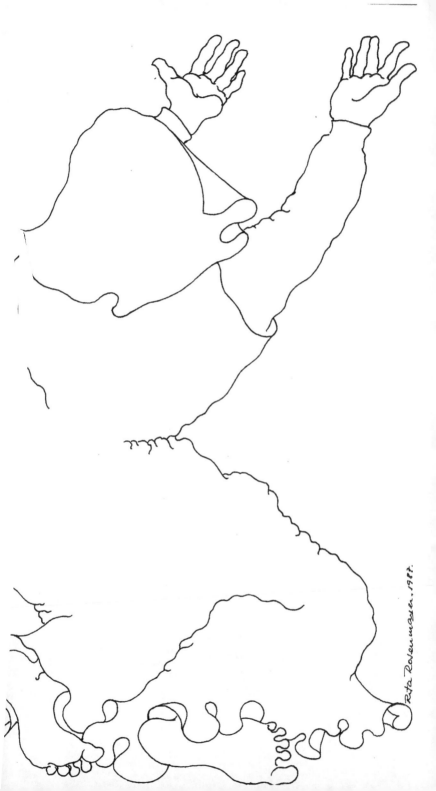

ATO II

(Uma praça, em Brínitze. À esquerda, a velha sinagoga de madeira, em arquitetura arcaica. Diante do templo, um pouco ao lado, pequeno monte de terra, encimado por uma velha lápide, com a seguinte inscrição: "Aqui jazem uma noiva pura e santa e o seu noivo, mortos pela glória de Deus, no ano 5408 (1648). Que a paz seja com eles". Atrás da sinagoga, ao longo de uma viela, algumas casinholas imergem no pano de fundo. À direita, a casa de Sender. É uma grande construção de madeira, ostentando um balcão. Um largo portão, atrás da casa, conduz ao pátio. E, depois dele, outra viela, onde se enfileiram algumas lojinhas que se perdem no pano de fundo. À direita deste, depois das lojas, uma taverna, um grande jardim senhorial e o palácio do fidalgo. Larga estrada desce para o rio. No outro lado do rio, vêem-se, na margem alta, um cemitério e lápides. À esquerda, uma ponte sobre o rio e um moinho. No primeiro plano, uma casa de banhos e um albergue. Ao longe, densa floresta.

O portão do pátio de Sender está escancarado. Do pátio despontam compridas mesas que chegam até a praça. As mesas estão postas. Em torno delas, pobres, aleijados, velhos e crianças comem com voracidade. Criados, em vaivém contínuo, trazem fartas travessas de comida e grandes cestos de pão. Servem às mesas.

Sentadas, diante das lojas e casas, mulheres serzem meias e não despregam os olhos da casa de Sender. Balebatim e rapazes saem da sinagoga, carregando os xales rituais e os filactérios. Alguns entram nas casas e lojas. Outros se detêm e conversam em grupos.

No pátio da casa de Sender, acordes musicais, ruídos de danças e vozes confusas.

Anoitece. No meio da rua, o convidado, um judeu idoso, trajando um gabardo de cetim, com as mãos metidas no cinto, conversa com o segundo batlan).

O CONVIDADO — (*Examinando a sinagoga*). Majestosa sinagoga a vossa... É grande e bela. A presença de Deus paira sobre ela. Parece muito antiga.

SEGUNDO *BATLAN* — Sim, é muito antiga. Anciãos dizem que nem mesmo seus avós se recordavam de quando foi construída.

O CONVIDADO — (*Avistando a lápide*). E aquilo, o que é? *(Aproxima-se e lê...).* "Aqui jazem uma noiva pura e santa e o seu noivo, mortos pela glória de Deus, no ano 5408." Um casal de noivos mortos pela Santificação do Nome?

SEGUNDO *BATLAN* — Sim. Quando o bandido *Hamiliouk* [1] — extinto seja o seu nome — assaltou, com seus cossacos, esta cidade, massacrando metade dos judeus, assassinou também um casal de noivos que eram conduzidos ao pálio nupcial. Os noivos foram sepultados no próprio local em que tombaram mortos, ambos no mesmo túmulo. E, desde então, chamam o lugar de "túmulo santo". (*Sussurrando, como quem conta um segredo*). Sempre que o rabino abençoa um matrimônio, ouve um suspiro partido do túmulo... E há muito que temos o costume de dançar em redor do jazigo, após uma cerimônia nupcial, a fim de alegrarmos o noivo e a noiva ali enterrados...

O CONVIDADO — Belo costume! (*Meier sai do pátio de Sender e aproxima-se*).

MEIER — (*Com ardor*). Ah, que festa para os pobres! Desde que nasci, jamais vi banquete como este para os pobres!

O CONVIDADO — Não é de se admirar. Sender casa a filha única...

---

1. *Hamiliouk:* Bogdan Chmelnitzk, o chefe da rebelião cossaca contra os poloneses, no século XVII. Os revoltosos sob o seu comando realizaram tremenda chacina entre a população judaica.

MEIER — (*Entusiasmado*). Todo mundo recebe uma posta de peixe, um pedaço de assado, e uma compota, tambem! E, antes do banquete, distribuíram conhaque e bolo de mel! Isso deve custar milhões! É incrível!

SEGUNDO *BATLAN* — Sender sabe o que faz. O risco não é grande, quando um dos convidados não se satisfaz. Ele que se dane! Mas não cumprir o dever para com os pobres é extremamente perigoso... A gente nunca sabe quem se oculta sob os andrajos de um pobre coitado. Provavelmente, apenas um mendigo... Mas pode acontecer que seja outra pessoa: um santo disfarçado, um dos *Trinta e Seis Justos*...

MEIER — E por que não o próprio Profeta Elias? Ele sempre aparece na figura de um mendigo.

O CONVIDADO — Não só com os pobres é preciso tomar cuidado. De nenhuma criatura pode-se afirmar, com certeza, quem ela é, o que foi na sua encarnação anterior e para que fim ela veio a este mundo. (*Da viela, à esquerda, surge o mensageiro, com o saco de viagem às costas*).

MEIER — (*Avistando o mensageiro, vai a seu encontro*). Que a paz seja convosco! Vejo que voltastes mais uma vez para junto de nós.

MENSAGEIRO — Enviaram-me de novo para cá.

MEIER — Chegastes em boa hora, em tempo para um casamento de ricos.

MENSAGEIRO — Em toda a redondeza só se fala nesse casamento.

MEIER — Encontrastes, por acaso, a comitiva do noivo, no caminho? Eles estão atrasados.

MENSAGEIRO — O noivo chegará a tempo. (*Encaminha-se para a sinagoga. O convidado, o segundo batlan e Meier entram no pátio. Por trás das mesas, surge Lea em trajes nupciais dançando com as mulheres velhas e pobres, com uma de cada vez. Outros pobres tentam aproximar-se dela. Aquelas que acabaram de dançar saem para a praça e formam grupos*).

UMA MULHER — (*Com uma criança nos braços, radiante*). Dancei com a noiva.

MULHER MANCA — Eu também. Abracei-a e dancei. Ih, ih, ih!!!

O CORCUNDA — Por que dança a noiva somente com as mulheres? Eu também gostaria de abraçá-la, e rodar com ela. Ah, ah, ah!

ALGUNS POBRES — Ah, ah, ah! (*Frade, Guitel e Bássia aparecem no balcão*).

FRADE — (*Preocupada*). Ai de mim! Leazinha continua dançando com os pobres. Ainda sofrerá uma vertigem. Filhinhas, trazei-a para cá. (*Senta-se numa cadeira. Guitel e Bássia vão ter com Lea*).

GUITEL — Chega de dançar, Lea querida. Vem.

BÁSSIA — Ainda terás uma vertigem. (*Bássia e Guitel seguram a mão de Lea e tentam levá-la*).

MULHERES POBRES — (*Cercam Lea, assaltando-a com gritos de súplica e pranto*). Ela ainda não dançou comigo! Será que sou pior que as outras? — Há uma hora que espero a minha vez! — Larguem-me. Depois de Elke sou eu que devo dançar com ela! — Com a fuxiqueira manca ela dançou umas dez vezes, e comigo nenhuma! Não tenho sorte para nada! (*Meier sai do pátio e sobe numa cadeira*).

MEIER — (*Alto, em voz cantante, como um* marschalik, *um animador de casamento*).

O rico pai da noiva manda convidar.
Queiram todos à porta do celeiro se juntar!

Reb Sender vai dar esmolas pessoalmente
A cada um dez moedas de presente!

OS POBRES — (*Precipitam-se para o pátio, empurram-se e berram, excitados*). Dez moedas! Dez moedas! (*A praça fica deserta. Permanecem apenas Lea, Guitel, Bássia e uma velha cega*).

VELHA CEGA — (*Segurando Lea*). Não preciso da esmola. Dança comigo. Roda comigo, uma vez ao menos. Há quarenta anos que não danço. Oh, como eu costumava dançar, quando moça! Como eu dançava! (*Lea abraça a velha e roda com ela. A velha não quer largá-la e roga...*). Outra vez! Outra vez! (*Tornam a dançar. A velha, ofegante, histericamente*). Mais! Mais! (*Guitel obriga a velha a entrar no pátio. Volta e, com Bássia, conduz Lea ao balcão. Sentam-na numa cadeira. Os criados limpam as mesas e fecham o portão*).

FRADE — Lea, meu bem, estás branca como um lençol! Eles te cansaram?

LEA — (*Com os olhos fechados, a cabeça pendendo para trás, fala como em sonho*). Eles me abraçaram, me cercaram, comprimindo-me com seus dedos secos e frios... Senti a cabeça girando e o coração desfalecendo. Depois, alguém me ergueu no ar e me carregou para longe, muito longe...

BÁSSIA — (*Assustada*). Lea, meu bem, vê como mancharam e amarrotaram teu vestido. O que farás agora?

LEA — (*Como antes*). Quando se deixa a noiva sozinha, antes do casamento, vêm os espíritos e levam-na embora...

FRADE — (*Alarmada*). Lea, querida, o que dizes? Não devemos lembrar pelo nome os espíritos das trevas! Ocultos e enfiados em todos os cantos, em todas as fendas e em todas as fissuras, tudo vêem e tudo ouvem, aguardando apenas que alguém pronuncie seus nomes impuros. Mal os ouvem, saem dos esconderijos e assaltam a gente. (*Cospe três vezes*).

LEA — (*Abrindo os olhos*). Os meus não são malignos!...

FRADE — Não devemos crer neles. Quando se crê num espírito do mal, ele se solta e se põe a fazer diabruras...

LEA — (*Com muita convicção*). Avozinha! Estamos cercados não de espíritos malignos, mas de almas de criaturas que morreram prematuramente. São elas que observam e ouvem tudo o que fazemos e o que dizemos...

FRADE — Que Deus te ajude, filhinha! O que estás dizendo? Almas? Que almas? As almas puras e inocentes voam para o céu e lá repousam, no luminoso jardim do Éden.

LEA — Não, vovozinha, elas permanecem conosco! (*Modificando o tom da voz*). Vovó! Uma pessoa nasce para viver muitos e muitos anos. E quando morre antes do tempo, aonde vai parar a vida que não chegou a ser vivida, as alegrias e os sofrimentos? Os pensamentos que não teve tempo de formular, os atos que não pôde praticar? Onde vão parar os filhos que não teve tempo de conceber? Onde vai parar tudo isso? Onde? (*Pensativa*). Havia um moço de alma elevada e de pensamentos profundos. Tinha pela frente toda uma vida... E, de repente, num instante, o curso da sua existência se interrompeu. Mãos estranhas sepultaram-no em terra alheia. (*Com desespero*). Então, onde foi parar o restante de sua vida? As palavras não pronunciadas, as preces interrompidas? Vovó, quando uma vela se apaga, a gente torna a acendê-la. E a vela arde até se extinguir. Como pode, então, apagar-se para sempre a chama de uma vida que não ardeu até o fim? Como?

FRADE — (*Balançando a cabeça*). Não se deve, meu bem, pensar em tais coisas! O Altíssimo sabe o que faz. Somos cegos, nada sabemos. (*O mensageiro aproxima-se desapercebidamente, e detém-se junto ao grupo*).

LEA — (*Como se não ouvisse, convicta*). Não, vovozinha. Nenhuma vida humana se perde. Quando alguém morre antes do tempo, sua alma regressa ao mundo para viver os anos faltantes, para executar as ações não praticadas, para participar das alegrias e dos sofrimentos não vividos. (*Pausa*). Vovó, outro dia contaste que, à meia-noite, os mortos vêm orar na sinagoga. São as preces que não tiveram tempo de pronunciar em vida, as que eles vêm rezar. (*Pausa*). Minha mãe morreu em plena juventude e não pôde viver o tempo que lhe fora destinado. Por isso, irei hoje ao cemitério e pedirei que ela me conduza ao pálio nupcial, em companhia de meu pai. Ela virá. E depois dançará comigo... E o mesmo acontece com todas as almas que partiram prematuramente deste mundo. Elas estão entre nós, mas não as vemos, nem as sentimos... (*Em voz sumida*). Querendo muito, vovozinha, a gente pode enxergá-las, ouvir-lhes a voz e compreender-lhes o pensamento... Eu sei... (*Pausa. Indicando o túmulo*). Desde criança, lembro-me deste túmulo santo. Conheço os noivos que aqui jazem. Eu os vi inúmeras vezes em sonho ou acordada. Eles me são tão chegados como a minha própria gente... (*Pensativa*). Jovens e belos, encaminhavam-se para o dossel nupcial, tendo diante de si uma bela e longa existência; de repente, surgiram homens malvados, de machado em punho... E os noivos caíram mortos. Ambos foram enterrados na mesma sepultura, a fim de que permanecessem eternamente juntos. E em todo o casamento, quando se dança em redor de seu túmulo, elas saem da sepultura e participam da alegria dos noivos... (*Erguendo-se, aproxima-se do túmulo. Frade, Guitel e Bássia, seguem-na. Estendendo os braços, Lea diz, bem alto*). Sagrados noivos! Convido-vos para as minhas núpcias: vinde e colocai-vos ao meu lado sob o pálio matrimonial. (*Ressoam acordes de uma alegre marcha. Lea grita de pavor e quase desfalece*).

GUITEL — (*Agarrando-a*). Por que te assustaste? De certo, o noivo chegou e está sendo recebido com música, à entrada da cidade.

BÁSSIA — (*Excitada*). Vou sair às escondidas para espiá-lo.

GUITEL — Eu também. Voltaremos para te contar como ele se parece. Queres?

LEA — (*Sacudindo a cabeça*). Não...

BÁSSIA — Ela tem vergonha! Não te envergonhes, tolinha, não contaremos a ninguém! (*Saem rapidamente. Lea e Frade voltam ao balcão*).

FRADE — Uma noiva sempre pede às amigas que espiem o noivo e venham lhe contar como ele se parece. Se é louro ou moreno...

MENSAGEIRO — (*Aproximando-se mais*). Noiva.

LEA — (*Estremece e vira-se*). O que desejais? (*Observa-o atentamente*).

MENSAGEIRO — As almas dos mortos retornam a este mundo, mas não como espíritos desencarnados. Almas há que, antes de alcançarem a purificação, passam por vários corpos. (*Lea ouve com crescente interesse*). Almas pecadoras transformam-se em animais, aves, peixes e, mesmo, em plantas. Não lhes sendo possível purificarem-se a si próprias, elas têm de aguardar até que um *tzadik* as liberte e santifique. E existem almas que, entram no corpo de um recém-nascido e se purificam com as próprias ações...

LEA — (*Tremendo*). Falai! Continuai falando!

MENSAGEIRO — E há almas errantes que, não encontrando paz, nem descanso, penetram nos corpos dos vivos, sob a forma de um *dibuk*. E assim atingem a purificação. (*O mensageiro desaparece. Lea fica atordoada. Sender sai de dentro da casa*).

SENDER — Por que estás aí sentada, filhinha?

FRADE — Esteve alegrando os pobres que aqui festejavam. Dançou com eles e se cansou. Agora está descansando.

SENDER — Oh! Alegrando os pobres!... É uma ação de grande santidade! (*Olhando para o céu*). Já é tarde. O noivo e a família já chegaram. Estais preparada?

FRADE — Ela ainda precisa visitar o cemitério...

SENDER — Vai, filhinha, vai visitar tua mãe. (*Suspirando*). Alivia o coração ao pé do túmulo e convida tua mãe para as bodas. Dize-lhe que eu e ela, juntos, conduziremos ao pálio nupcial a nossa filha única... Dize-lhe que cumpri tudo o que ela rogou no leito de morte. A ti dediquei toda a minha vida. Eduquei-te, tornando-te uma virtuosa filha de Israel. E agora caso-te com um moço educado, temente a Deus e de boa família... (*Enxuga as lágrimas e, cabisbaixo, entra novamente em casa. Pausa*).

LEA — Vovozinha, além de minha mãe, posso convidar outras pessoas no cemitério?

FRADE — Apenas parentes muito próximos. Chama o avô *Reb* Efraim e a tia Mírele.

LEA — Há uma pessoa que eu gostaria de convidar... Não é parente.

FRADE — Isso não é permitido, filhinha. Se convidares um estranho, os demais mortos ficarão com inveja e poderão te prejudicar...

LEA — Não é um estranho... Em casa ele era como um de nós...

FRADE — (*Em surdina, atemorizada*). — Oh!... Filhinha, tenho medo!... Dizem que morreu de uma morte feia... (*Lea soluça baixinho*). Bem, não chores, não chores. Convida-o. Eu assumo o pecado. (*Lembrando-se*). Mas eu não sei onde o sepultaram, e não fica bem perguntar.

LEA — Eu sei.

FRADE — (*Admiração*). Sabes? Como?

LEA — Vi seu túmulo em sonho. (*Fecha os olhos, pensativa*). Eu vi ele, também. Contou-me o que se passa com ele e pediu-me que o convidasse para o casamento. (*Surgem correndo Guitel e Bássia*).

ATO II

GUITEL E BÁSSIA — (*Ambas agitadas*). Nós o vimos! Nós o vimos!

LEA — (*Consternada*). Quem? Quem é que vistes?

GUITEL — O noivo! É moreno, moreno!

BÁSSIA — Não. É louro! É louro!

GUITEL — Vem, vamos olhá-lo, de novo! (*Saem as duas precipitadamente*).

LEA — (*Erguendo-se*). Vovó! Vamos ao cemitério!

FRADE — (*Com tristeza*). Vem filhinha, oh, oh, oh! (*Lea envolve os ombros com um manto negro e, tendo Frade a seu lado, desce pelo beco, à direita. O palco fica deserto por um momento. Ouvem-se acordes de música. Na viela à esquerda, aparecem Nachman, Rabi Mendel e Menasche, um rapaz miúdo e ressequido, amedrontado, com os olhos esgazeados de espanto. Em seguida, vêm os parentes, homens e mulheres em trajes festivos. Sender sai ao encontro deles*).

SENDER — (*Estendendo a mão para Nachman*). A paz seja convosco. Sede bem-vindo. (*Beijam-se. Sender cumprimenta Menasche. Beija-o. Saúda as demais pessoas*). Como fostes de viagem?

NACHMAN — Fizemos uma viagem extremamente difícil e amarga! Perdemos, em primeiro lugar, o rumo e começamos a errar pelos campos. Depois, enterramo-nos num pantanal e quase fomos por ele engolidos. A custo conseguimos nos livrar. Cheguei até a pensar que os maus espíritos, de que Deus nos guarde! se haviam intrometido e queriam impedir nossa vinda... De qualquer forma, graças a Deus, chegamos a tempo.

SENDER — Certamente deveis estar fatigado. Provavelmente quereis descansar.

NACHMAN — Não há tempo para isso. Ainda temos muito a conversar a respeito das nossas mútuas obrigações, sobre o dote, presentes, despesas de casamento, e outras coisas.

SENDER — Pois não! Como quiserdes! (*Sender põe o braço sobre os ombros de Nachman. Ambos começam a caminhar pela praça, conversando em voz baixa*).

RABI MENDEL — (*Dirigindo-se a Menasche*). Lembra-te: deves permanecer à mesa, sentado, em silêncio, sem te moveres do lugar, com os olhos baixos... Logo após o jantar de núpcias, assim que o *badkhan*[2] da festa exclamar. "O noivo proferirá o seu discurso", ergue-te imediatamente, sobe à cadeira, e começa tua oração em tom alto. Quanto mais alto, quanto mais ênfase, melhor. E não te envergonhes. Ouviste?

MENASCHE — (*Mecanicamente*). Sim, ouvi... (*Baixinho*). Rabi, tenho medo...

RABI MENDEL — (*Alarmado*). Medo do quê? Esqueceste, por acaso, o teu discurso?

MENASCHE — Não, não é isso... Do discurso eu me lembro.

RABI MENDEL — O que, então?

MENASCHE — (*Angustiado*). Não sei... Assim que saímos de casa, fui tomado de grande pavor. Os lugares pelos quais passamos me eram estranhos. Jamais vi tanta gente desconhecida... Fico aterrorizado quando eles me olham... Os seus olhos me causam medo... (*Estremece*). Rabi! Nada me faz tremer tanto como o fulgor de um olhar estranho!...

RABI MENDEL — Vou esconjurar o mau olhado.

MENASCHE — Rabi, eu gostaria de ficar sozinho, escondido nalgum canto. Aqui, porém, pessoas estranhas cercam-me por todos os lados. Sou obrigado a falar-lhes, a responder-lhes... É como se me conduzissem à forca. (*Com terror místico*). Rabi! E mais do que todos quem me assusta é ela... a donzela!

RABI MENDEL — Cria coragem! Domina esses temores! Senão ainda esquecerás — Oh! Deus não o permita! — o teu discurso... Vem... Entremos na estalagem e o repetirás mais uma vez. (*Começam a caminhar*).

MENASCHE — (*Avista o túmulo santo, estremece, e agarra a mão do Rabi Mendel*). Rabi! O que é isto? Um túmulo no meio da rua? (*Param, lêem a inscrição, em silêncio. Permanecem parados um momento, em seguida, cabisbaixos, dirigem-se para a viela, à esquerda. Sender, Nachman e os demais parentes entram em casa. Do*

---

2. *Badkhan:* alegrador, mestre-de-cerimônias nos casamentos.

pátio, saem os pobres, uns após outros, com sacolas nos ombros, e empunhando cajados. Atravessam silenciosa e melancolicamente a praça, desaparecendo num beco, à esquerda. Alguns se detêm por um instante)...

MULHER ALTA E PÁLIDA — E a festa dos pobres também passou. Foi como se não existisse...

VELHA COXA — Também prometeram um prato de sopa, mas não deram.

A CORCUNDA — E serviram, apenas, minúsculos pedaços de *halá*.

VELHO DE MULETAS — Um homem tão rico! O diabo o levaria, se nos tivesse oferecido pães inteiros!

MULHER ALTA E PÁLIDA — Bem que poderia dar a cada um de nós um pedaço de galinha. Deixem estar, que para os convidados ricos prepararam galinhas, patos e perus recheados...

VELHA CAOLHA — Tanto faz... Depois da morte tudo ficará para os vermes. Oh, oh, oh! (*O grupo se afasta lentamente. O pátio fica vazio por alguns momentos. O mensageiro o atravessa, a passo lento, e entra na sinagoga. A noite começa a descer. Os negociantes fecham as tendas e vão-se embora. Acendem-se as luzes da sinagoga e da casa de Sender. Sender, Guitel e Bássia aparecem no balcão e olham inquietos*).

SENDER — (*Apreensivo*). Onde está Lea. Onde está a velha? Por que demoram tanto no cemitério? Santo Deus! Será que lhes aconteceu alguma coisa?

GUITEL E BÁSSIA — Vamos ao encontro delas. (*Na viela, à esquerda, surgem Lea e Frade, caminhando apressadamente*).

FRADE — Depressa, depressa, filhinha! Ai, meu Deus, como nos demoramos!... Nem sei por que te obedeci! Tenho medo que aconteça alguma desgraça! Santo Deus.

SENDER — Arre! Afinal, chegaram? Por que demoraram tanto? (*Algumas mulheres saem da casa de Sender*).

MULHERES — Levai a noiva para a bênção das velas! (*Lea é conduzida para dentro*).

FRADE — (*Em segredo, para Guitel*). Ela desmaiou. Mal consegui reanimá-la! Ainda estou toda trêmula...

BÁSSIA — Ela anda jejuando. Isso enfraqueceu-lhe o coração.

GUITEL — Lea chorou muito sobre o túmulo da mãe?

FRADE — (*Com um gesto*). É melhor nem perguntar o que lá aconteceu! Sinto até um arrepio. (*Há uma cadeira, colocada perto da porta. Trazem Lea e sentam-na. Ressoam acordes musicais. Do beco, à esquerda, surgem Nachman, Menasche, Rabi Mendel e os parentes do noivo. Menasche, com uma toalha de mesa sobre os braços estendidos, aproxima-se de Lea para cobrir-lhe o rosto. O mensageiro sai da sinagoga*).

LEA — (*Arranca a toalha, salta da cadeira, empurra violentamente Menasche e grita*). Não és tu o meu noivo! (*Forte tumulto. Todos se aglomeram em torno de Lea*).

SENDER — (*Estarrecido*). Filhinha! Filhinha! Lea! O que se passa contigo?

LEA — (*Livrando-se do grupo, corre até o túmulo e estende os braços*). Sagrados noivos, protegei-me, salvai-me! (*Cai. Todos acorrem e erguem-na. Lançando um olhar selvagem ao seu redor, Lea grita com uma voz que não é sua, masculina*). Ah! Ah! Vós me enterrastes! Mas eu voltei para aquela que me foi destinada e nunca mais a deixarei! (*Nachman aproxima-se de Lea e esta grita-lhe, no rosto*). — Hamiliouk!!!

NACHMAN — (*Estremecendo*). Enlouqueceu!

MENSAGEIRO — Um *dibuk* se apossou da noiva. (*Forte tumulto*).

CAI A CORTINA

ATO III

(*Em Miropol. Uma sala ampla, em casa do Rabi Azriel, de Miropol. À direita, uma porta que conduz aos aposentos interiores. No meio da parede do centro, uma porta dá para a rua. De ambos os lados da porta, bancos. Na parede, janelas. À esquerda, ao longo da parede, uma mesa larga, coberta por uma toalha branca. Sobre a mesa, fatias de pão amontoadas. À cabeceira da mesa, uma poltrona. Depois da porta, à direita, uma pequena Arca e uma estante. Em frente, uma mesa de tamanho médio, um sofá e algumas cadeiras. Sábado à noite, após as vésperas.* Hassidim *passeiam pelo aposento. O gabai* Mikhal, *de pé, junto à mesa, divide as fatias de pão. O mensageiro está sentado junto à Arca. À sua volta um grupo de* hassidim. *Alguns* hassidim *estão sentados à parte. Lêem livros sagrados. O primeiro e o segundo* hassid *estão de pé, no meio da sala, junto à mesa menor. Dos aposentos interiores ouve-se, em surdina, um canto:* "Deus de Abraão, de Isaac e Jacó"...).

PRIMEIRO *HASSID* — O forasteiro conta histórias maravilhosas... São de apavorar. Temo até ouvi-las...

SEGUNDO *HASSID* — Por quê?

PRIMEIRO *HASSID* — Porque estão impregnadas de profundas alusões, difíceis de se compreender... Devem ter algo dos ensinamentos do Rabi de Bratzlav... [1] Quem sabe...

---

1. *Rabi Nachman de Bratzlav* (1722-1810): Neto do Baal Schem Tov. Rabi Nachman foi uma das figuras mais destacadas

SEGUNDO *HASSID* — *Hassidim* idosos as escutam. Provavelmente não há nada nelas de herético. (*Reúne-se à roda em torno do mensageiro*).

TERCEIRO *HASSID* — Contai mais uma!

MENSAGEIRO — Já é tarde. O tempo é curto.

QUARTO *HASSID* — Não importa. O rabi não virá tão logo.

MENSAGEIRO — (*Narrando*). No extremo do Universo ergue-se uma montanha muito alta. Em seu cume jaz uma pedra enorme. E jorra da pedra uma fonte de água cristalina. No outro extremo, bate o coração do mundo. Pois todas as coisas têm coração. E o Universo também possui um único e grande coração, e o coração do mundo não desvia o olhar da fonte cristalina e não se cansa de fitá-la. E ele anseia, deseja e suspira, sedento da água cristalina. Mas, não pode aproximar-se, sequer um passo, em direção da fonte. Pois, assim que se move do lugar, perde de vista o cume da montanha e a límpida nascente. E quando, por um só instante, não enxerga a fonte, o coração perde o alento e com isso o mundo começa a morrer. A fonte cristalina não possui tempo próprio: vive do tempo que o coração do mundo lhe oferece. E o coração do mundo lhe oferece um dia, apenas. Quando o dia morre, a fonte começa a entoar um poema ao coração e este lhe responde com um cântico. E seu cantar se espalha pelo Universo, irradiando fios de luz que se estendem aos corações de todas as coisas criadas e vão de um coração ao outro... E há um homem justo e bondoso que caminha pelo mundo, recolhendo dos corações os fios luminosos, urdindo, com eles, o tempo. E, quando acaba de tecer um dia inteiro, ele o oferece ao coração do Universo. E o coração do Universo oferece-o à fonte cristalina. E a fonte vive mais um dia...

TERCEIRO *HASSID* — O rabi vem vindo. (*Todos se calam. Todos se erguem. Pela porta da direita, entra Rabi Azriel, um venerando ancião, trajando um gabardo branco e um gorro de peles na cabeça*).

---

do Hassidismo. Introduziu neste movimento novas tendências. Seus partidários, que após a morte do Rabi não quiseram substituí-lo por outro guia, foram muitas vezes denunciados como heréticos e, como tais, perseguidos.

RABI AZRIEL — (*Lentamente, fatigado, imerso em meditações, encaminha-se para a mesa. Deixa-se cair pesadamente na poltrona. Mikhal posta-se à direita do rabi. Os hassidim ficam em volta da mesa. Os mais velhos sentam-se nos bancos. Atrás deles, em pé, permanecem os mais jovens. Mikhal serve* halá *aos hassidim. Rabi Azriel ergue a cabeça e começa a recitar, em voz baixa e trêmula...*). "O banquete de Davi, o Rei, o Messias"[2]. (*Todos respondem e recitam bênçãos sobre o pão. Em seguida, começam a cantar, em surdina, uma melodia triste e mística. Pausa. O rabi suspira profundamente, apóia a cabeça entre as mãos e mantém-se por algum tempo nessa posição, absorto em pensamentos. Reina um silêncio de morte. Levantando a cabeça, Rabi Azriel põe-se a falar... A voz é baixa e trêmula*). Conta-se, do *Baal Schem*, o santo — cujos méritos nos protejam!... (*Pequena pausa*). Certa vez, em Mezjibuj, apareceu um grupo de saltimbancos alemães, desses que se contorcem pelas ruas. Esticaram uma corda sobre o rio, de uma margem a outra, e um deles pôs-se a caminhar sobre essa corda. De todas as partes da cidade o povo acorreu para apreciar essa diabólica maravilha. O sagrado *Baal Schem* também foi ter à margem do rio, e junto com todo o mundo ficou ali olhando o homem que andava sobre a corda. Isto surpreendeu muito os seus discípulos e eles lhe perguntaram como se explicava e que sentido tinha o fato de ele ter vindo admirar aquelas artes. E o santo *Baal Schem* respondeu-lhes: "Eu fui ver como um homem atravessa um abismo. E enquanto olhava, pensei: Se aquele homem trabalhasse tanto com a alma, como trabalha com o corpo, que profundos abismos não atravessaria ele sobre o tênue fio da vida!" (*O rabi solta um suspiro profundo. Pausa. Os hassidim se entreolham entusiasmados*).

PRIMEIRO *HASSID* — Elevado como o mundo!

SEGUNDO *HASSID* — Maravilha das maravilhas!

TERCEIRO *HASSID* — Glória das glórias!

RABI AZRIEL — (*Baixinho para Mikhal que se inclina para ouvi-lo*). Há um estranho aqui...

MIKHAL — (*Olhando em redor*). É um mensageiro, um cabalista, parece...

---

2. *Banquete de Davi*: ver *Despedida da Rainha*, p. 74.

RABI AZRIEL — Que missão o trouxe aqui?

MIKHAL — Não sei. Talvez convenha pedir-lhe que se retire?

RABI AZRIEL — Deus me livre! Pelo contrário! Um forasteiro deve ser honrado. Dá-lhe uma cadeira. (*Mikhal, um pouco admirado, oferece uma cadeira ao mensageiro. Ninguém observa o fato. Rabi Azriel lança um olhar a um dos hassidim. Este canta uma melodia sem palavras, mística. Pausa. Rabi Azriel prossegue, no mesmo tom de voz...*). O mundo de Deus é vasto e sagrado. No mundo, a terra mais sagrada é a Terra de Israel. Na Terra de Israel, a cidade mais sagrada é Jerusalém. Em Jerusalém o lugar mais sagrado era o Sagrado Templo. E, no Sagrado Templo, o lugar mais sagrado era o Santo dos Santos. (*Pequena pausa*). No mundo existem setenta povos. Dentre eles, o mais sagrado é o Povo de Israel. Entre o Povo de Israel, a tribo mais sagrada é a tribo de Levi. Dos levitas, os sacerdotes são os mais sagrados. Dos sacerdotes, o mais sagrado era o Sumo Sacerdote. (*Pausa*). O ano conta 354 dias. Entre eles, os dias de festa são os mais sagrados. Acima deles está a santidade dos sábados. Dos sábados, *Iom Kipur* é o mais sagrado. É o sábado dos sábados. (*Pausa*). Existem, no mundo, setenta idiomas. Dentre eles, o mais santo é o Sagrado Idioma. Das coisas escritas nesse idioma, a mais sagrada é a Santa *Torá*. E, na Santa *Torá*, os Dez Mandamentos são o que há de mais sacro. Nos Dez Mandamentos, a palavra mais santa é o Nome do Senhor. (*Pausa*). E, uma vez por ano, em hora determinada, essas quatro supremas santidades do mundo se reuniam. Era no *Iom Kipur*, quando o Sumo Sacerdote ingressava no Santo dos Santos e pronunciava o Nome do Senhor. (*Pausa*). E, exatamente, por essa hora a mais sagrada e solene, era também a mais temível, quer para o Sumo Sacerdote, quer para o povo de Israel. Se, nesse momento, ocorresse ao Sumo Sacerdote — do que Deus nos livre! — um pensamento mau ou pecaminoso, o mundo seria destruído. (*Pausa*). Qualquer lugar, onde o homem erga o olhar para o céu, é um Santo dos Santos. Todo ser criado por Deus à sua própria imagem, é um Sumo Sacerdote. Cada dia, na vida de um homem, é *Iom Kipur*. Toda palavra que o homem profere de coração, é o Nome do Senhor. Por isso, toda falta ou pecado, cometido pelo homem, destrói um mundo.

(*Com voz trêmula*). Almas humanas, através de grandes penas e sofrimentos, através de inúmeras transmigrações, buscam, como a criança o seio materno, alcançar a sua fonte nas alturas, Trono da Glória. Sucede, porém, às vezes, que uma alma já alçada aos mais altos degraus seja, de repente, dominada pelo mal, — de que Deus nos guarde! — e ela claudica e cai. E quanto mais alto tiver subido tanto mais profunda é a sua queda. E, quando uma alma, assim, cai, um mundo é destruído, as trevas envolvem todos os palácios celestes, e ressoam os lamentos das dez esferas... (*Pausa. Como que despertando*). Meus filhos! Hoje abreviaremos as Despedidas da Rainha[3]. *(Todos, com exceção de Mikhal, saem em silêncio, impressionados com o que ouviram. Pequena pausa).*

MIKHAL — (*Aproxima-se da mesa, hesitante*). Rabi! (*Rabi Azriel lança-lhe um olhar fatigado e triste*). Rabi! Sender, de Brínitze, chegou...

RABI AZRIEL — (*Repetindo mecanicamente*). Sender de Brínitze... Eu sei...

MIKHAL — Aconteceu-lhe uma desgraça terrível. Um *dibuk*... Santo Deus!... entrou em sua filha.

RABI AZRIEL — Um *dibuk* entrou... Eu sei...

MIKHAL — Ele vos trouxe a filha...

RABI AZRIEL — (*Como que consigo mesmo*). A mim?... A mim? Como pode vir a mim, se o meu "eu" não está mais aqui...

MIKHAL — Rabi, o mundo todo vem a vós.

RABI AZRIEL — O mundo todo... Mundo cego... Ovelhas cegas seguem a um pastor cego... Pois, se cegos não fossem, não viriam a mim, mas dirigir-se-iam àquele que pode dizer "eu", ao único "Eu" do mundo.

MIKHAL — Rabi, sois o seu enviado...

RABI AZRIEL — Assim dizem... Mas eu não sei... Há quarenta anos que ocupo a cadeira de rabi. Até hoje

---

3. *As Despedidas da Rainha* (literalmente, "O Acompanhamento da Rainha"): a refeição que se faz após o término do sábado. É um adeus ao sábado (à rainha), um acompanhamento. A despedida também é chamada de "Banquete do Rei Davi". Pois, segundo narra a lenda, Deus disse a Davi que este morreria num sábado. E por isso festejava todo sábado em que continuava vivendo.

não sei, ao certo, se sou um enviado de Deus, que louvado seja... Há momentos em que me sinto próximo ao Todo-poderoso, e não alimento dúvidas. Então, sinto-me forte e sei que tenho forças junto aos altos mundos. Mas há ocasiões em que perco a segurança... em que sou pequeno e fraco como uma criança. Então eu mesmo necessito de auxílio...

MIKHAL — Rabi, recordo-me... Certa vez, à meia-noite viestes a minha casa, suplicando-me para que entoasse os Salmos convosco. Passamos a noite inteira chorando e recitando Salmos...

RABI AZRIEL — Isso foi outrora. Agora é bem pior. (*Com voz trêmula*). O que querem de mim? Sou velho e fraco. O meu corpo necessita de descanso, a minha alma anseia por repouso. E vêm a mim a miséria e as aflições do mundo. Cada bilhete de súplica que me entregam tortura-me como uma agulha no corpo. Não tenho mais forças... Não posso mais!

MIKHAL — (*Assustado*). Rabi! Rabi!

RABI AZRIEL — (*Soluça*). Não posso mais! Não posso! (*Chora*).

MIKHAL — Rabi, não devíeis esquecer as gerações de *tzadikim* e santos homens de Deus, dos quais descendeis. Vosso pai, Rabi Ítchele, de abençoada memória; vosso avô, nosso chefe e senhor, nosso mestre, Rabi Vêlvele, o grande, o discípulo do *Baal Schem*...

RABI AZRIEL — (*Voltando a si, ergue a cabeça*). Meus ancestrais... Meu santo pai, a quem Deus se revelou três vezes... O meu tio, Rabi Meier Ber, que, ao som de "Ouve, ó Israel", costumava subir ao céu... O meu avô, o grande Rabi Vêlvele, que ressuscitava os mortos. (*Virando-se para Mikhal, com vivacidade*). Sabes, Mikhal, meu avô, o grande Rabi Vêlvele, expulsava um *dibuk* sem lançar mão de palavras mágicas ou exorcismos. Um grito seu, bastava, um só grito! Em tempos difíceis, sempre recorro a ele e ele me ampara. Agora, também, não me abandonará... Manda Sender entrar. (*Mikhal sai e volta acompanhado de Sender*).

SENDER — (*Estendendo as mãos, em súplica*). Rabi! Tende compaixão! Socorrei-me! Salvai minha única filha!

RABI AZRIEL — Como aconteceu a desgraça?

ATO III

SENDER — Exatamente no instante em que iam velar a noiva. Mal...

RABI AZRIEL — (*Interrompendo-o*). Não é isso que pergunto. O que teria originado essa infelicidade? O verme só penetra na fruta quando esta começa a apodrecer.

SENDER — Rabi! Minha única filha é uma piedosa donzela judia. Anda com os olhos sempre baixos, e jamais contraria minha vontade.

RABI AZRIEL — Às vezes, os filhos são punidos pelos pecados dos pais.

SENDER — Se eu soubesse de algum pecado, por mim cometido, eu me penitenciaria...

RABI AZRIEL — Perguntaram ao *dibuk*, quem ele é? Por que se apossou de tua filha?

SENDER — Sim, mas não responde. Pela voz, porém, reconheceram nele um rapaz da nossa *ieschiva*, que, há meses, faleceu repentinamente na sinagoga. Estava metido em coisas da Cabala, e foi atingido.

RABI AZRIEL — Por quais forças?

SENDER — Dizem que foram as do mal... Algumas horas antes de morrer, ele dissera a um amigo que não se deve combater o pecado. E que em Satã — valha-nos Deus! — também há uma centelha da santidade. Além disso pretendia conseguir, por meios mágicos, dois barris de ouro...

RABI AZRIEL — Tu o conheceste?

SENDER — Sim... Tomava refeições em minha casa...

RABI AZRIEL — (*Observando Sender com atenção*). Talvez o tenhas ofendido ou humilhado... Procure lembrar-se.

SENDER — Não sei... Não me recordo. (*Desesperado*). Rabi, não passo de um simples mortal! (*Pausa*).

RABI AZRIEL — Tragam a donzela. (*Sender sai e volta acompanhado de Frade, que conduz Lea pela mão. Lea se detém no limiar da porta, recusando-se a entrar*).

SENDER — (*Chorando*). Filhinha, tem pena de mim. Não me envergonhes diante do rabi. Entra.

FRADE — Entra, Lea, meu bem! Entra, minha pombinha!

LEA — Quero entrar, mas não posso!

RABI AZRIEL — Donzela, ordeno-te que entres. (*Lea atravessa o limiar da porta, encaminhando-se para a mesa*). Senta-te!

LEA — (*Senta-se, obediente. De repente, salta do lugar e põe-se a gritar, com uma voz que não é a sua*). Deixai-me! Não quero! (*Ameaça correr, mas Sender e Frade a impedem*).

RABI AZRIEL — Dibuk! Quem és? Ordeno-te que respondas.

LEA (*DIBUK*) — Rabi de Miropol! Sabeis muito bem quem sou. A outros não desejo revelar meu nome.

RABI AZRIEL — Não pergunto o teu nome. Eu te pergunto quem és?

LEA (*DIBUK*) — (*Em segredo*). Sou daqueles que buscaram novos caminhos.

RABI AZRIEL — Só aquele que se extraviou do caminho reto busca novos caminhos.

LEA (*DIBUK*) — O caminho reto é muito estreito...

RABI AZRIEL — Assim já falou alguém que não mais regressou. (*Pausa*). Por que entraste no corpo da donzela?

LEA (*DIBUK*) — Sou o seu noivo predestinado.

RABI AZRIEL — De acordo com nossa Santa *Torá*, um morto não pode permanecer entre os vivos.

LEA (*DIBUK*) — Eu não morri.

RABI AZRIEL — Tu partiste do nosso mundo e não podes regressar antes que ressoe o *Grande Schofar*[4]. Ordeno-te, portanto, que abandones o corpo da donzela, a fim de que não murche um ramo vivo da imperecível árvore do povo de Israel.

LEA (*DIBUK*) — (*Gritando*). Rabi de Miropol! Sei de vossa força e poder. Sei que anjos e serafins vos obedecem. Mas a mim nada podeis fazer. Não tenho aonde ir! Para mim todos os caminhos estão barrados, todas as portas fechadas. De todos os lados, os espíritos malignos me espreitam, prontos para me abocanhar. (*Com voz trêmula*). Existe o céu, existe a terra, existem os incontáveis mundos no espaço, mas, para mim, não

---

4. Grande *Schofar*: a trombeta que anunciará o advento do Messias.

há lugar em parte alguma. E agora, quando minha alma, amargurada e perseguida, encontrou abrigo, vós quereis me expulsar dele. Apiedai-vos de mim! Não me expulseis! Não me esconjureis!

RABI AZRIEL — Alma errante! Sinto-me profundamente compadecido de ti. Eu me empenharei em libertar-te dos anjos do mal. Mas tens de abandonar o corpo da donzela.

LEA *(DIBUK)* — *(Com firmeza)*. Não sairei!

RABI AZRIEL — Mikhal, convoca um *minian* na sinagoga. *(Mikhal sai, voltando logo em seguida. Acompanham-no dez judeus. Estes postam-se num canto da parede do aposento)*. Sagrada congregação! Outorgais a mim a autoridade para, em vosso nome e com vosso poder, expulsar do corpo de uma filha de Israel um espírito que se recusa a sair por bem?

OS DEZ JUDEUS — Rabi! Nós vos outorgamos a autoridade para, em nosso nome e com o nosso poder, expulsar do corpo de uma filha de Israel um espírito que se recusa a sair por bem.

RABI AZRIEL — *(Erguendo-se)*... Dibuk! Alma de alguém que partiu de nosso mundo. Em nome, e com a sanção de uma Santa Congregação de judeus, eu, Azriel, filho de Hadas, ordeno-te que abandones o corpo da donzela Lea, filha de Hana. E, ao partires, não deverás causar dano algum a ela, nem a nenhum ser vivo... Se não te submeteres à minha ordem, eu te enfrentarei com maldições e anátemas, esconjurações e excomunhões, com toda a força ritual dos meus braços. Mas, se obedeceres, tudo farei para purificar tua alma e libertá-la dos demônios e maus espíritos que a cercam...

LEA *(DIBUK)* — *(Gritando)*. Não temo vossas maldições e anátemas! Não creio em vossas promessas! Não há força no mundo que me possa ajudar. Não existe altura maior do que a do lugar onde repouso. Não existe abismo tão tenebroso como aquele que me aguarda! Não sairei!

RABI AZRIEL — Em nome de Deus Todo-poderoso, pela última vez, eu te concito e te ordeno que saias. Do contrário, excomungo-te e entrego-te às mãos dos anjos do mal! *(Pausa amedrontadora)*.

LEA *(DIBUK)* — Em nome de Deus Todo-poderoso, estou unido àquela que me foi predestinada. Dela não me separarei por toda a eternidade.

RABI AZRIEL — Mikhal, manda buscar, para todos os que aqui se encontram, batas de linho branco. Traze sete *chofarot*, sete velas negras... Tira, depois, da Arca, sete rolos da *Torá*... *(Pausa assustadora. Mikhal sai, voltando com os schofarot e as velas negras. O mensageiro entra em seguida, trazendo as batas).*

MENSAGEIRO — *(Contando as batas).* Uma bata a mais. *(Olha em redor).* Talvez falte alguém no aposento?

RABI AZRIEL — *(Preocupado, recordando-se de algo).* Para excomungar uma alma judia é necessária a sanção do rabino da cidade... Mikhal, guarda, por enquanto, os *schofarot*, as velas e as batas... toma a minha bengala, vai à casa do *Rav* Sansão e pede-lhe, em meu nome, que venha imediatamente. *(Mikhal recolhe os schofarot e as velas. Sai em companhia do mensageiro, que carrega as batas. Rabi Azriel, dirigindo-se aos dez judeus).* Por enquanto, podeis vos retirar. *(Saem. Pausa. Rabi Azriel levanta a cabeça).* Sender! Onde ficaram o noivo e a família?

SENDER — Em Brínitze. Vão passar o sábado em minha casa.

RABI AZRIEL — Envia-lhes um emissário a cavalo. E dize-lhes, em meu nome, que continuem em Brínitze, aguardando minhas ordens.

SENDER — Mandarei imediatamente um cavaleiro.

RABI AZRIEL — Agora podeis sair. Conduzi a donzela ao quarto vizinho.

LEA — *(Despertando do transe, fala, com sua própria voz, trêmula).* Vovó! Tenho medo... O que pretendem fazer comigo? O que pretendem fazer comigo?

FRADE — Não temas, minha filha! O rabi sabe o que faz. Ele não te fará mal algum. O rabi não pode fazer mal a ti. *(Frade e Sender acompanham Lea ao aposento vizinho).*

RABI AZRIEL — *(Permanece profundamente absorvido em seus pensamentos. Como que despertando).* E mesmo que nos altos mundos tenham decretado de outra forma, eu modificarei esse decreto! *(Entra Rav Sansão).*

ATO III

RAV SANSÃO — Boa semana, Rabi!
RABI AZRIEL — *(Indo ao seu encontro).* Boa semana, bom ano, rabino! Sentai-vos! (Rav *Sansão senta-se*). Incomodei-vos devido a um assunto extremamente importante. Um *dibuk* — Santo Deus! — apossou-se de uma filha de Israel e não quer abandoná-la, de forma alguma. Resta apenas o último recurso: expulsá-lo com anátemas e maldições. Desejo, pois, vossa permissão para fazê-lo. A salvação de uma alma será, assim, somada aos vossos méritos.
RAV SANSÃO — *(Suspirando).* A excomunhão é um castigo cruel para um vivo, ainda mais para um morto... Contudo, como não resta outro meio e, se um homem tão devoto como vós, crê que isso seja necessário, dou o meu consentimento... Antes, porém, devo revelar-vos um segredo relacionado com o assunto.
RABI AZRIEL — Pois não.
RAV SANSÃO — Rabi, ainda vos lembrais de um moço de Brínitze, o *hassid* e cabalista Nissin *ben* Rivca, que há uns vinte anos atrás costumava visitar-nos?
RABI AZRIEL — Sim. Ele partiu para longe e morreu em plena mocidade.
RAV SANSÃO — Exatamente... Esse mesmo Nissin *ben* Rivca, na noite passada, apareceu-me três vezes em sonho, exigindo que eu citasse Sender, de Brínitze, diante da corte rabínica.
RABI AZRIEL — Qual a sua acusação contra Sender?
RAV SANSÃO — Não o disse. Alegou, apenas, que Sender derramara o seu sangue.
RABI AZRIEL — Quando um judeu cita outro para um julgamento, um rabino não pode, compreende-se, recusar-se a realizá-lo, ainda mais em se tratando de um suplicante que não mais pertence ao mundo dos vivos, e que poderia apelar para a Corte Celeste de Justiça... Mas que relação tem com isso o *dibuk*?
RAV SANSÃO — Há uma relação... Ouvi dizer que o falecido rapaz, que entrou como *dibuk* no corpo da filha de Sender, era fliho de Nissin *ben* Rivca... Fala-se, também, de certo acordo que Sender teria firmado com Nissin e que não cumpriu...
RABI AZRIEL — *(Reflete por alguns instantes).* Se assim é, adiarei a expulsão do *dibuk* para amanhã ao meio-dia. Se Deus quiser, amanhã cedo, logo após as

orações, convocaremos o morto para o julgamento e descobriremos então os motivos de suas aparições em vossos sonhos. Depois, com a vossa permissão, expulsarei o *dibuk* com um anátema...

RAV SANSÃO — Tratando-se de um pleito entre um vivo e um morto, algo difícil e raro, eu gostaria de vos pedir, rabi, que aceitásseis presidir à corte e conduzir o julgamento.

RABI AZRIEL — Concordo. Mikhal! *(Mikhal entra)*. Manda entrar a donzela. *(Sender e Frade entram, conduzindo Lea. Esta toma assento numa cadeira, com os olhos cerrados...)* Dibuk, concedo-te doze horas, até amanhã ao meio-dia. Se até então não tiveres abandonado voluntariamente o corpo da donzela, eu, com a permissão do rabino da cidade, esconjurar-te-ei à força de um cruel anátema. *(Pausa. Sender e Frade fazem menção de levar Lea para fora).* Sender, não saias! *(Frade sai com Lea).* Sender! Ainda te recordas de teu velho amigo Nissin ben Rivca?

SENDER — *(Assustado).* Nissin ben Rivca?   Ele já morreu...

RABI AZRIEL — Saiba que esta noite ele se apresentou três vezes, em sonhos, ao rabino da cidade. *(Aponta para o Rav Sansão).* E exigiu-lhe que te intimasse a juízo, por uma falta que contra ele cometeste.

SENDER — *(Aturdido).* A mim? Em juízo? Ai de mim! O que deseja ele de mim? Rabi, o que hei de fazer?

RABI AZRIEL — Não sei qual a queixa, mas tens de aceitar a intimação.

SENDER — Farei o que ordenardes.

RABI AZRIEL — *(Mudando de tom).* Envia imediatamente para Brínitze os cavalos mais velozes, em busca do noivo e de sua família. Eles devem estar aqui amanhã, antes do meio-dia, a fim de que possamos realizar o casamento logo que o *dibuk* saia.

SENDER — Rabi talvez não queiram mais o casamento e não venham. *(O mensageiro aparece à porta).*

RABI AZRIEL — *(Altivamente).* Comunica-lhes o que te ordenei... Mas, note bem, o noivo tem de chegar a tempo.

MENSAGEIRO — O noivo chegará a tempo. *(O relógio bate doze vezes).*

CAI A CORTINA

ATO IV

(O mesmo cenário. Em lugar da mesa comprida, uma de tamanho médio, próxima da ribalta. À mesa, numa poltrona, está sentado Rabi Azriel, envolto no xale ritual e com os filactérios enrolados. De ambos os lados, em duas cadeiras, sentam-se os dois juízes. Rav Sansão, de pé, está parado junto à mesa. Ao longe, Mikhal. Acabam de recitar a oração destinada a transformar os maus sonhos em sonhos bons.)

RAV SANSÃO — Eu tive um sonho bom! Tive um sonho bom! Um bom sonho!

RABI AZRIEL E OS DOIS JUÍZES — *(Em conjunto).* Tivestes um sonho bom! Tivestes um sonho bom! Um bom sonho!

RABI AZRIEL — Rabino! Encontramos uma boa interpretação para o vosso sonho. Agora, tomai assento ao nosso lado, na qualidade de juiz. (Rav *Sansão senta-se ao lado do Rabi Azriel*). Agora, vamos notificar o morto para que se apresente ao julgamento. Primeiro, porém, traçarei um círculo, cujo limite ele não terá poder de transpor. Mikhal, minha bengala! *(Mikhal passa a bengala ao Rabi Azriel que, erguendo-se, vai até o canto esquerdo do aposento e, com ela, descreve um círculo da esquerda para a direita. Torna a sentar-se à mesa).* Mikhal, toma a minha bengala e vai ao cemitério. Ao entrares no cemitério, fecha os olhos e caminha, guiando-te pela bengala. Pára no primeiro túmulo que a bengala tocar, bate três vezes com ela no túmulo e repete o seguinte: Puro morto. Azriel, o filho do grande *tzadik* Rabi Itchele, de Miropol, rogando-te perdão por perturbar a tua paz, mandou que eu te ordenasse informar, pelos meios que são do teu conhecimento, ao puro morto Nissin *ben* Rivca, o que segue: — A honorável e mui justa corte de Miropol intima Nissin *ben* Rivca a se apresentar imediatamente diante dela, e ordena-lhe que compareça com as mesmas vestes com que foi sepultado como judeu! Repete estas palavras três vezes. Vira-te depois e volta. Não olhes para trás, não importa quais gritos, vozes e chamados ouvires atrás de ti. E não largues, tampouco, por um instante sequer, minha bengala. Caso contrário, estarás em grande perigo. Vai, e que Deus te acompanhe, pois os enviados em missão de virtude não serão molestados... Vai, antes, porém, manda que dois homens façam uma separação para o morto. (*Mikhal sai. Entram dois homens trazendo um lençol, com o qual encobrem, de alto a baixo, todo o canto esquerdo do aposento. Saem*). Chamai Sender. (*Sender entra*). Sender, cumpriste minhas ordens? Enviaste os cavalos em busca do noivo e da família).

SENDER — Enviei os mais velozes. Mas o noivo e a família ainda não chegaram.

RABI AZRIEL — Manda um cavaleiro dizer-lhes que venham o mais depressa possível.

SENDER — Sim, rabi assim farei. (*Pausa*).

RABI AZRIEL — Sender! Mandamos informar ao puro morto Nissin *ben* Rivca que a corte rabínica o intima a comparecer ao julgamento do pleito que apresentou contra ti. Cumprirás a nossa sentença?

SENDER — Cumprirei.

RABI AZRIEL — Cumprirás tudo o que nós decidirmos?

SENDER — Sim. Cumprirei.

RABI AZRIEL — Afasta-te e toma o teu lugar, à direita.

SENDER — Rabi! Lembrei-me... Nissin *ben* Rivca deve estar me chamando a juízo por causa de um acordo amigável que firmamos, há muitos anos... Mas não tenho culpa, no caso...

RABI AZRIEL — Contarás isso mais tarde, quando o suplicante apresentar as suas acusações. (*Pausa*). Logo mais, surgirá entre nós um homem do verdadeiro mundo, a fim de que julguemos a queixa que ele faz contra um homem do mundo ilusório. (*Pausa*). Tal julgamento demonstra que as leis da Sagrada *Torá* reinam sobre todos os mundos, sobre todos os seres, e imperam, quer sobre os vivos, quer sobre os mortos. (*Pausa*). Um julgamento como este é extremamente penoso e temível. Voltam-se para ele os olhos de todas as Moradas Celestes. Se, por ventura — do que Deus nos livre! — o tribunal se desviasse uma letra da Lei, abalar-se-ia toda a Corte de Justiça Divina. Devemos, por isso, iniciar os nossos trabalhos com medo e temor. Com medo... e temor... (*Olha ansiosamente em redor de si, detém o olhar na cortina e cala-se. Silêncio aterrorizante*).

1.º JUIZ — (*Para o segundo, segredando atemorizado*). Parece-me que ele está aqui...

2.º JUIZ — (*No mesmo tom*). Assim parece.

RAV SANSÃO — Ele está aqui.

RABI AZRIEL — Puro morto Nissin *ben* Rivca, a honorável e justa corte ordena-te que não ultrapasses o círculo e a divisão que te foi destinada. (*Pausa*). Puro morto Nissin *ben* Rivca, o santo e honrado tribunal ordena-te que apresentes tuas acusações e reclamações contra Sender *ben* Henia. (*Pausa atemorizadora. Todos ouvem como que petrificados*).

1.º JUIZ — (*Segredando, para o segundo, em tom de medo*). Parece-me que ele responde.

2.º JUIZ — Parece-me que ele responde.

1.º JUIZ — Ouço uma voz, mas não ouço palavras...

2.º JUIZ — Ouço palavras, mas não a voz...

RAV SANSÃO — (*Para Sender*). Sender *ben* Henia: O puro morto Nissin *ben* Rivca alega que, na mocidade, fostes amigos e condiscípulos da mesma *ieschiva*, e que uma sincera amizade unia as vossas almas. Casastes, ambos, na mesma semana. Mais tarde, nas grandes festas, vós vos encontrastes na casa do rabi. Firmastes, então, o pacto solene de que, se vossas mulheres concebessem e descem à luz, uma a um menino e outra a uma menina, as duas crianças seriam unidas pelos laços do matrimônio.

SENDER — (*Com voz trêmula*) — Sim, assim foi.

RAV SANSÃO — O puro morto Nissin *ben* Rivca diz ainda que, algum tempo depois, ele partiu para um lugar distante, onde sua mulher deu à luz uma criança do sexo masculino, na mesma época em que tua esposa trouxe ao mundo uma criança do sexo feminino. Logo depois, ele, Nissin morreu. (*Pequena pausa*). No verdadeiro mundo, veio a saber que seu filho, abençoado com uma alma elevada, erguia-se cada vez mais alto, de grau em grau. E encheu-se de alegria e orgulho o seu coração de pai. Mais tarde, Nissin viu que seu filho, crescendo, começou a peregrinar pelo mundo, de lugar em lugar, de cidade em cidade, de país em país, pois sua alma buscava aquela que lhe havia sido predestinada. E, chegando à cidade onde resides, entrou em tua casa e sentou-se à tua mesa. E sua alma uniu-se à alma de tua filha. Mas tu eras rico, e o filho de Nissin, pobre, E tu desviaste dele o olhar e começaste a procurar para tua filha noivos de alta linhagem e grandes posses. (*Pequena pausa*). E Níssin viu, então, que seu filho caía em desespero, lançando-se pelo mundo afora em busca de novos caminhos. A inquietação e a tristeza inundaram-lhe a alma de pai. Vendo o desespero do jovem, as forças tenebrosas estenderam-lhe suas redes, capturaram-no e o levaram, prematuramente, deste mundo. E a alma do jovem errou pelo espaço até entrar em forma de *dibuk* no corpo daquela que lhe predestinaram. (*Pequena pausa*). Nissin *ben* Rivca diz: Com a morte do filho foi isolado de ambos os mundos, ficando sem nome e sem memória, sem herdeiro e sem *cadisch*. Sua luz extinguiu-se para sempre, rolou para o abismo a coroa de sua cabeça. Que a justa e honrada corte julgue Sender, segundo a lei de nossa sagrada *Torá*, por ter derramado o sangue do filho de Nissin *ben* Rivca, dos filhos de seu filho até o fim das gerações. (*Silêncio apavorante. Sender soluça*).

RABI AZRIEL — Sender *ben* Henia! Ouviste as acusações do puro morto Nissin *ben* Rivca? O que tens a responder?

SENDER — Não sei o que dizer... Não tenho palavras que me desculpem. Rogo ao meu velho amigo que perdoe a minha falta, pois não a cometi por maldade nem com premeditação. Assim que firmamos nosso pacto, Nissin partiu e eu ignorava se a sua mulher dera à luz e, mesmo, o sexo da criança que por ventura tivesse nascido. Mais tarde, soube que Nissin havia morrido. Outras notícias de sua família, não as recebi. E com o tempo, esqueci-me do caso.

RABI AZRIEL — Por que não te informaste? Por que não investigaste?

SENDER — Usualmente, a família do noivo dá o primeiro passo. Assim sendo, pensei que se o filho fosse varão, Nissin teria me informado. (*Pausa*).

RAV SANSÃO — Nissin *ben* Rivca pergunta: Uma vez que seu filho entrou em tua casa e sentou-se à tua mesa, por que jamais o interrogaste sobre quem ele era, e de onde provinha?

SENDER — Não sei... Não me lembro... Juro, porém, que sempre me atraiu a idéia de ter aquele jovem como genro. Por isso é que, em cada casamento proposto, sempre apresentei condições tão difíceis, que os pais dos pretendentes jamais aceitavam. Foi assim que três propostas foram rejeitadas. Mas, desta vez, a família do noivo concordou... (*Pausa*).

RAV SANSÃO — Nissin *ben* Rivca diz que, bem no fundo de teu coração, havias reconhecido o seu filho. Mas temias perguntar-lhe quem era. Aspiravas a uma vida de fartura e opulência para tua filha. E, por isso, impeliste o filho dele para o abismo. (*Sender chora baixinho, com o rosto escondido entre as mãos. Pausa pesada. Mikhal entra e devolve a bengala ao rabi. Rabi Azriel conversa, em voz baixa, com o Rav Sansão e os dois juízes. Ergue-se, empunhando a bengala*). A justa e honorável corte ouviu ambas as partes e profere o veredicto. Uma vez que não está esclarecido se na época em que Nissin *ben* Rivca e Sender *ben* Henia firmaram o acordo, as suas respectivas esposas já estavam grávidas; e uma vez que, na sagrada *Torá* nada consta sobre um acordo que diz respeito a uma coisa não criada, não podemos decidir que Sender tivesse a obrigação de cumprir o compromisso. Mas, como as altas esferas consideraram válido o acordo, e uma vez que implantaram no coração do filho de Nissin *ben* Rivca a idéia de que a filha de Sender *ben* Henia era a mulher que lhe fora predestinada, e considerando que a conduta posterior de Sender *ben* Henia trouxe grandes desgraças a Nissin *ben* Rivca e a seu filho, a justa e honorável corte determina que Sender distribua metade de sua fortuna entre os pobres, e que todos os anos acenda uma vela em memória de Nissin *ben* Rivca e de seu filho, e reze pela alma de ambos, como se fossem seus próprios filhos. (*Pausa*). A justa e honorável corte pede, ainda, que o puro morto Nissin *ben* Rivca conceda a Sender um perdão incondicional. E pede-lhe, também, que ordene ao filho, como um dever filial, que abandone o corpo da donzela Lea *bat* Hana, a fim de que não feneça um ramo frutífero da árvore de Israel. O Todo-poderoso, em recompensa, manifestará sua graça a Nissin *ben* Rivca e a seu filho errante.

TODOS — Amém. (*Pausa*).

RABI AZRIEL — Puro morto Nissin *ben* Rivca! Ouviste nossa sentença? Aceitas nosso veredicto? (*Pausa amedrontadora*). Sender *ben* Henia! Ouviste nossa sentença? Aceitas nosso veredicto?

SENDER — Sim, aceito.

RABI AZRIEL — Puro morto Nissin *ben* Rivca, está encerrado o julgamento de teu pleito contra Sender *ben* Henia. Agora, tens de regressar ao lugar de teu descanso. E nós te ordenamos que, em caminho, não molestes nem aos homens, nem aos seres vivos. (*Pausa*). Mikhal! Manda retirar a cortina e trazer água. (*Mikhal chama dois homens, que tiram a cortina. Rabi Azriel desenha com a bengala um círculo, no mesmo lugar de antes, mas desta vez, da direita para a esquerda. Os homens voltam trazendo uma bacia com uma caneca, e todos lavam as mãos*). Sender, o noivo e a família já chegaram?

SENDER — Ainda não há sinal deles.

RABI AZRIEL — Manda outro cavaleiro dizer-lhes que corram à toda brida. Manda preparar o dossel nupcial e os músicos. Manda a noiva vestir os trajes nupciais. Assim, logo que o *dibuk* sair, ela poderá ser conduzida ao dossel matrimonial. O que se fizer estará feito. (*Sender sai. Azriel tira o xale ritual e os filactérios*).

RAV SANSÃO — (*Murmurando para os juízes*). Compreendestes que o morto não perdoou a Sender?

OS DOIS JUÍZES — (*Baixinho, atemorizados*). Compreendemos.

RAV SANSÃO — Compreendestes que o morto não aceitou a sentença?

OS DOIS JUÍZES — Compreendemos.

RAV SANSÃO — Sentistes que ele não disse amém à sentença de Rabi Azriel?

OS DOIS JUÍZES — Sentimos.

RAV SANSÃO — É péssimo sinal.

OS DOIS JUÍZES — É um péssimo sinal.

RAV SANSÃO — Vede como Rabi Azriel está agitado. As suas mãos tremem. (*Pausa*). Fizemos nossa parte e podemos ir... (*Os dois juízes saem silenciosamente, sem que se os perceba. Rav Sansão prepara-se para partir*).

RABI AZRIEL — Rabino! Permanecei aqui até que o *dibuk* saia e oficiareis a cerimônia do casamento. (*Rav Sansão suspira e, cabisbaixo, senta-se num canto. Pausa opressiva*). Senhor do Universo! Ocultos e maravilhosos são os teus caminhos. Mas o caminho que trilho é, apesar de tudo, iluminado com o reflexo do fogo de Tua sagrada vontade. E eu não me desviarei nem à direita, nem à esquerda... (*Erguendo a cabeça*). Mikhal, está tudo preparado?

MIKHAL — Sim, Rabi.

RABI AZRIEL — Manda introduzir a donzela. (*Sender e Frade trazem Lea, trajando o vestido de noiva e tendo nos ombros um manto preto. Sentam-se no sofá Rav Sansão senta-se ao lado do Rabi Azriel*). Dibuk! Em nome do rabino da cidade, aqui presente, em nome de uma Santa Congregação de judeus, em nome do grande Sinédrio de Jerusalém, eu, Azriel *ben* Hadas, ordeno-te, pela última vez, que abandones o corpo da donzela Lea *bat* Hana!

LEA (*DIBUK*) — (*Firmemente*). Não sairei!

RABI AZRIEL — Mikhal, convoca as pessoas, traze as batas, os *schofarot* e as velas negras. (*Mikhal sai e volta acompanhado de quinze judeus, entre eles o mensageiro. Trazem as batas, os* schofarot *e as velas*). Retirai os rolos. (*Mikhal retira sete rolos da* Torá *e os distribui entre sete pessoas. Reparte os sete* schofarot). Espírito obstinado, já que ousaste desobedecer à nossa ordem, eu te entrego em mãos dos espíritos superiores, que te expulsarão à força. Soai *Tekiá!* (*Soam os* schofarot).

LEA (*DIBUK*) — (*Saltando subitamente, debate-se e grita*). Deixai-me! Não me puxeis! Não quero, não posso sair!

RABI AZRIEL — Uma vez que os Espíritos Superiores não conseguem te submeter, entrego-te em mãos dos Espíritos Médios, os que não são bons, nem maus. Eles que te arranquem com quaisquer meios cruéis que disponham. Soai *Schebarim!* (*Soam os* schofarot).

LEA (*DIBUK*) — (*Começa a enfraquecer*). Ai de mim! Erguem-se contra mim todas as forças do universo. Puxam-me os mais terríveis espíritos, aqueles que não sabem o que é compaixão. Contra mim erguem-se os Grandes e os Justos, entre eles a alma de meu pai, ordenando-me que saia. Mas, enquanto eu tiver uma centelha de força, lutarei, hei de lutar e não sairei.

RABI AZRIEL — (*Consigo mesmo*). Não há dúvida que alguém muito poderoso o auxilia. (*Pausa*). Mikhal! Põe os rolos na Arca Sagrada. (*Mikhal assim o faz*). Cobre a Arca com uma cortina negra! (*Mikhal assim o faz*). Cobri a Arca com uma cortina negra! (*Mikhal cobre*). Acendei as velas negras. (*Acendem as velas*). Vesti as batas brancas. (*Todos, inclusive o Rabi Azriel e Rav Sansão vestem as batas. Rabi Azriel, postando-se com os braços erguidos, diz em voz alta e aterradora*). Ergue-te, Senhor! Que diante de Ti fujam e debandem os Teus inimigos. Que se dispersem como fumaça. Que se dispersem... Espírito pecador e obstinado, com a autoridade do Todo-poderoso, e com a sanção da sagrada *Torá*, eu, Azriel *ben* Hadas, corto todos os fios que te unem ao mundo dos vivos e ao corpo e à alma da donzela Lea *bat* Hana...

LEA (*DIBUK*) — (*Grita*) — Ai de mim!

RABI AZRIEL — E excomungo-te da comunhão de Israel! *Teruá!!!*

MENSAGEIRO — A última fagulha uniu-se à chama.

LEA (*DIBUK*) — (*Exausta*). Não posso mais lutar... (*Os* schofarot *tocam* Teruá).

ATO IV

RABI AZRIEL — (*Ergue rapidamente a mão, para deter o toque dos* schofarot). Tu te submetes?

LEA (*DIBUK*) — (*Com voz agonizante*). Submeto-me...

RABI AZRIEL — Prometes abandonar, de boa vontade, o corpo da donzela Lea *bat* Hana e jamais a ele voltar?

LEA (*DIBUK*) — (*No mesmo tom*). Prometo.

RABI AZRIEL — Com o mesmo poder e sanção com que te excomunguei, retiro o anátema que caiu sobre ti. (*Para Mikhal*). Apaga as velas e retira a cortina negra. (*Mikhal obedece*). Guarda os *schofarot*. (*Mikhal reúne os* schofarot). Manda despir as batas e despede as pessoas que reuniste. (*Os catorze homens despem as batas e saem acompanhadas por Mikhal e o mensageiro. Rabi Azriel ergue os braços para o alto*). Senhor do Universo! Deus do perdão e da graça! Contempla o sofrimento dessa alma errante e torturada, que pecados e erros alheios desviaram do bom caminho. Afasta o teu olhar, ó Senhor, das faltas que esta alma cometeu. Permite que subam à tua presença, como uma tênue névoa, as suas virtudes passadas, seus amargos sofrimentos presentes e os méritos de seus antepassados. Senhor do Universo, livra o seu caminho de todos os maus espíritos e concede-lhe o repouso eterno em teus palácios. Amém!

TODOS — Amém.

LEA (*DIBUK*) — (*Estremecendo fortemente*). Recitai o *cadisch* por mim. Minha hora fadada se escoa.

RABI AZRIEL — Sender, dize o primeiro *cadisch*!

SENDER — *Isgadal Veiskadasch Schmei rabó*... Glorificado e santificado seja o Grande Nome... (*O relógio bate meio-dia*).

LEA (*DIBUK*) — (*Erguendo-se de um salto*). — Ai! Ai! (*Cai como que desfalecida no sofá*).

RABI AZRIEL — Conduzi a noiva ao pálio nupcial! (*Mikhal entra correndo*).

MIKHAL — (*Muito agitado*). O último emissário acaba de regressar. Diz ele que a roda do carro se quebrou e o noivo e seu séquito tiveram de seguir a pé. Mas já estão próximos, sobre a colina. Daqui já se pode avistá-los.

RABI AZRIEL — (*Muito alvoroçado*). O que tiver de ser, seja. (*Para Sender*). Que a velha permaneça aqui com a noiva. Nós iremos receber o noivo. (*Traça com a bengala um círculo em torno de Lea, da esquerda para a direita. Despe a bata, pendurando-a perto da porta e sai, de bengala em punho. Seguem-no Sender e Mikhal. Longa pausa*).

LEA — (*Despertando, em voz muito fraca*). Quem está aqui comigo? És tu, vovozinha? Vovozinha? Sinto-me tão cansada... Ajuda-me... Embala-me em teus braços.

FRADE — (*Acariciando-a*). Não fiques triste, filhinha. Que a tristeza seja do Tártaro do Gato Preto, e que teu coração fique leve como uma penugem, como um suspiro, como um pequenino floco de neve. Envolvam-te os santos anjinhos com suas asas. (*Ouve-se uma música nupcial*).

LEA — (*Estremece, agarra a mão de Frade*). Ouves? Começaram a dançar em torno do túmulo santo para alegrar os noivos mortos.

FRADE — Meu bem, não tenhas medo. Numerosa guarda te defende. Uma guarda poderosa... Sessenta gigantes, de espada em punho, te protegem contra um mau encontro. Os Sagrados Pais [1] e as Sagradas Mães te guardam do mau olhado. (*Aos poucos passa a cantar salmodiando*).

— Logo serás conduzida ao dossel,
em boa hora, em hora feliz...
Tua mãe, a piedosa, sai do Paraíso,
sai do Paraíso,
adornada de ouro e prata.
Dois anjinhos vão ao seu encontro,
vão ao seu encontro
Tomam-lhe as mãos,
um à direita, outro à esquerda.
Hânele, minha Hânele,
por que te enfeitaste, de ouro e prata,
tão bela?
E Hânele responde assim:
"Como não hei de enfeitar-me?

---

1. *Pais de Israel*: os Patriarcas Abraão, Isaac e Jacó.

Não é hoje a grande festa?
Minha única filha, minha coroa fulgente,
em breve será levada ao dossel!"
Hânele, Hânele minha,
por que há tanta dor em teu rosto?
E Hânele responde assim:
"Como não hei de afligir-me,
se a festa me faz sofrer?
Estranhos levam minha filha ao dossel,
e eu, triste, tenho que ficar de lado".
Conduzem a noiva ao pálio nupcial,
vêm jovens e velhos ao seu encontro.
Elias, o Profeta [2], surge e ergue a grande taça...
E as palavras de sua bênção
rolam, ecoando sobre a terra...
Amém, amém...

(*Frade adormece. Longa pausa*).

LEA — (*Com os olhos cerrados, solta um suspiro profundo. Abre os olhos*). Quem suspira tão profundamente?

VOZ DE HANÃ — Eu.

LEA — Ouço a tua voz, mas não te vejo.

VOZ DE HANÃ — Um círculo encantado nos separa.

LEA — A tua voz é doce como o lamento de um violino na quietude da noite. Dize-me, quem és?

VOZ DE HANÃ — Esqueci-me... Mas através de teus pensamentos posso lembrar-me de mim mesmo.

LEA — Recordo-me. Uma estrela luminosa atraía o meu coração... Em noites silentes derramei lágrimas mudas, e um vulto sempre me aparecia em sonho... Eras tu?

VOZ DE HANÃ — Eu...

---

2. Segundo a lenda, Elias, depois de subir ao céu, continuou a auxiliar o mundo dos homens, na qualidade de mensageiro de Deus. Sua aparição se verificaria em muitas celebrações, especialmente nas festas de circuncisão e nas noites de *Pessach*, por ocasião do *Seder*. Os cabalistas e *hassidim* acreditavam que Elias revelava aos judeus, especialmente aos devotos, os mistérios da *Torá*. Inúmeras histórias hassídicas apresentam o profeta disfarçado em camponês ou mendigo, percorrendo o mundo. No *Dibuk*, a sua figura é quase onipresente, pois, na realidade, o Mensageiro é o próprio Profeta Elias.

LEA — Lembro-me... Os teus cabelos eram macios, como se tivessem sido embebidos de lágrimas. Suaves e melancólicos eram os teus olhos... Longos e delicados eram os teus dedos... Dia e noite, eu só pensava em ti... (*Pausa. Tristemente*). Mas tu me abandonaste e a minha luz se apagou, murchou a minha alma. E eu era como uma viúva desolada, quando um estranho de mim se aproximava... Depois voltaste e, do pesar e da morte, renasceram, em meu coração, a vida e a alegria. Por que, de novo, me abandonaste?

VOZ DE HANÃ — Destruí todas as barreiras, superei a morte, desprezei as leis dos tempos e das gerações. Lutei com fortes, poderosos e impiedosos. E, quando se esgotou a última fagulha das minhas forças, abandonei o teu corpo, para regressar à tua alma.

LEA — (*Ternamente*). Volta para mim, meu noivo, meu esposo... Morta, eu te levarei em meu coração. Nos meus sonhos, acalentaremos os filhos que não concebemos. (*Chorando*). Costuraremos suas roupinhas, e lhes cantaremos cantigas de ninar. (*Canta chorando*).

Durmam crianças, durmam,
sem berços e sem fraldas.
Mortos que não nasceram,
quão depressa se perderam!

(*Fora, ouve-se, cada vez mais próximo, o som de uma marcha nupcial*).

LEA — (*Trêmula*). Ele vem, para conduzir-me ao dossel, em companhia de um estranho! Volta para mim, meu noivo!

VOZ DE HANÃ — Abandonei teu corpo, mas volto à tua alma. (*Na parede surge o vulto de Hanã, vestido de branco*).

LEA — (*Com alegria*). Desfez-se o círculo que nos separava! Eu te vejo, meu noivo. Vem a mim!

VOZ DE HANÃ — (*Como um eco*). Vem a mim!

LEA — (*Exclama com júbilo*). Caminho ao teu encontro.

HANÃ — (*Como um eco*). E eu ao teu.

ATO IV

VOZES — (*Atrás dos cenários*). Conduzi a noiva ao pálio nupcial. (*Marcha nupcial. Lea se ergue. Ao fazê-lo, deixa cair o manto negro sobre o sofá e com o alvo vestido de noiva caminha sob os acordes da música ao encontro de Hanã. E o vulto de Lea se funde com o de Hanã. Rabi Azriel entra, empunhando a bengala, seguido pelo mensageiro. Detém-se no limiar da porta. Atrás deles, Sender, Frade e as demais pessoas*).

LEA — (*Com uma voz que parece vir da distância*). Uma grande luz me envolve... Meu noivo predestinado. Estou unida a ti para a eternidade... Juntos pairamos cada vez mais, cada vez mais, cada vez mais alto... (*A escuridão vai aumentando*).

RABI AZRIEL — (*Abaixando a cabeça*). Chegamos tarde...

MENSAGEIRO — Louvado seja o íntegro juiz. (*A escuridão, agora, é profunda. De longe, ouve-se baixinho*):

> Por que, por que,
> do cimo das alturas,
> caiu a alma
> no mais profundo dos abismos?
> A queda, em si mesma,
> contém a ressurreição.

CAI A CORTINA

UM PÁSSARO DE FOGO *

Ruggero Jacobbi

Não tenho nem a autoridade nem os conhecimentos necessários para analisar ou, pior ainda, julgar o conteúdo histórico, ético e religioso desta extraordinária obra de An-Ski. Entretanto, há quinze anos que penso nela como um prêmio, um ponto de chegada, para o trabalho de um diretor de teatro; há quinze anos que a coloquei, ao lado de *Hamlet* e dos *Persas,* no rol de minhas aspirações menos modestas e mais profundas.

Isto quer dizer que há no drama de An-Ski uma força dramática, uma elevação poética e, antes de mais nada, uma universalidade moral, capazes de comover qualquer homem, fora de todos os limites de nacionalidade, de religião ou de cultura especializada; capazes de inspirar toda espécie de homens de teatro e, o que é mais importante, capazes de comover toda espécie de público. Do ponto de vista da estrutura teatral, o drama de An-Ski faz parte da grande família dos primitivos: a maior, a mais ilustre entre todas as famílias da literatura dramática. A técnica de An-Ski (ou melhor, sua falta de técnica, substituída pela formidável unidade de inspiração, criando ela mesma suas formas singelas, seus esquemas elementares e perfeitos) é a dos trágicos gregos, das "Laudas" medievais, dos "Nôs" japoneses. É a técnica de toda obra de arte surgida da obscura, mas sempre certa, autoconsciência do povo; de todas as obras onde a moral coletiva e o lirismo ancestral desabafam e se cristalizam, quase

* Este texto foi escrito em setembro de 1951 como prefácio para a primeira edição, em português, de *O Dibuk.*

que por um estouro, fisicamente inevitável, de suas aspirações interiores, já amadurecidas a tal ponto que não lhes seria mais possível permanecer nas trevas.

Estas formas de teatro alcançam uma grandiosa simplicidade, tão clara, tão justa, que ao lado delas qualquer outra forma, até então considerada "popular", revela seu fundo literário, suas superestruturas históricas e culturais: o "Auto Sacramental" espanhol, o "Chronicle Play" elisabetano, parecem, na comparação, obras de elaboração individual e técnica muito menos pura.

Mas An-Ski escreveu esta obra clássica e primitiva no nosso século XX. Isto é que tem sabor de milagre. Isto é que nos surpreende, constituindo a prova máxima, não apenas do talento do autor, mas da autenticidade e riqueza do mundo folclórico e tradicional que dele se serviu para chegar a uma expressão estética.

An-Ski não imitou, e provavelmente não conheceu, os grandes primitivos do teatro. Não fez, como D'Annunzio, uma transfiguração lírico-individual de um mundo folclórico; nem, como Garcia Lorca, sobrepôs a força da linguagem e dos símbolos à multidão dos sentimentos telúricos e coletivos; nem, como O'Neill, transplantou para a psicologia moderna os grandes dramas éticos e religiosos da tragédia grega. Nada disso ele fez, nem poderia ter feito, porque não era um escritor, porque não tinha, dentro de si, nenhuma habilidade, astúcia ou ambição literária; porque era apenas UMA VOZ. Voz absoluta e total, direta e imediata, cujos gritos, murmúrios e melodias percorrem o palco durante duas horas como uma mensagem da nossa própria consciência. Durante duas horas, o espetáculo, rebaixado pelo mundo burguês até ao nível das distrações, volta ao tamanho enorme do Mistério e do Ritual; volta à sua missão de celebração coletiva.

Seria incompleta a cultura que ignorasse este milagre, este "pássaro de fogo" da poesia dramática, que traz nas asas o absoluto. Por isso estou certo de que a presente edição de *O Dibuk* é um grande serviço prestado à cultura do Brasil.

UMA REPRESENTAÇÃO DE *O DIBUK* *
J. Guinsburg

Na espantosa calmaria cultural em que vive a coletividade judaica de São Paulo, a temporada de Morris Schwartz constituiu, sem dúvida, uma brisa alvissareira, uma ligeira agitação nas águas de nossa estúpida estagnação. A presença do notável artista, cuja folha de serviços em prol do teatro ídiche registra méritos históricos, sacudiu em parte o marasmo geral e converteu o Teatro de Cultura Artística em centro de significativa, embora passageira, manifestação cultural judaica.

O repertório de Morris Schwartz incluiu alguns dos maiores sucessos da fase áurea do Teatro de Arte de New York, entre os quais, *O Dibuk*, de Sch. An-Ski. No tocante ao nosso público, a encenação desta peça representou quase uma estréia, pois a grande maioria jamais vira esta obra no palco. Assim, uma compacta multidão lotou totalmente o Grande Auditório, o que ilustrou de forma palpável a popularidade de Morris Schwartz e as possibilidades de qualquer iniciativa de real valor cultural.

Confessamos que a nossa expectativa era das mais intensas. Conhecíamos as grandes dificuldades de se levar à cena esta obra-prima de transcedência mística, de ingênuo primitivismo e de sabedoria popular. Uma interpretação menos apurada, uma direção menos segura conduziria a peça a uma esquisita caricatura do ambiente e das personagens, mesmo diante de uma platéia israelita. E a razão é simples: a atmosfera, os problemas e os tipos

* Publicado originalmente na Revista *Brasil-Israel*, n.º 42, fev.-mar. 1954.

nos são completamente alheios; uma convulsão liquidou com os últimos restos daquele mundo e inclusive a velha geração, que viveu e conheceu o meio social de *O Dibuk*, encontra-se, após dezenas de anos de imigração, a uma grande distância psicológica do mesmo.

Entretanto, não duvidamos que Schwartz, com o seu reconhecido talento e a sua larga experiência teatral, nos proporcionasse um espetáculo admirável sob muitos aspectos, permitindo-nos um contato sensível com os encantos e o *élan* deste drama tão singular e intenso. Mas, se não sofremos uma cabal decepção, devemos dizer francamente que a representação não manteve um nível constante, uma unidade convincente, nem traduziu todas as possibilidades artísticas do texto. Infelizmente, sucederam-se altos e baixos dos mais contraditórios que feriram a harmonia do conjunto.

A interpretação oferece um exemplo frisante destas disparidades. Ao lado do magistral desempenho de Morris Schwartz como Mensageiro e do excelente trabalho de Kurlender como Rabi Azriel, tivemos um Hanã simplesmente abaixo da crítica, uma Lea desprovida de alguns dos atributos essenciais à heroína de *O Dibuk*, cuja pureza lírica e inocência folclórica não contaram com a expressividade à altura. Contudo, neste particular, a falha mais grave residiu na esquisita mescla de estilos teatrais. Alguns dos papéis masculinos e femininos (Sender, Menasche e Frade), embora desempenhados por artistas de recursos, caíram num naturalismo vulgar e por vezes caricaturesco, chocando-se violentamente com o ritmo expressionista da atuação do Mensageiro, de Rabi Azriel e de Henach. Poderíamos apontar o mesmo em relação à cena inicial do primeiro ato, onde não encontramos a atmosfera de piedoso êxtase que envolve, no texto, o diálogo dos três *batlonim*. Assistimos a uma boa conversa entre *batlonim*, mas a inflexão corriqueira, com acentos inclusive cômicos, não correspondia ao devoto transporte de quem acabava de cantar Por que, por que, do cimo das alturas, caiu a alma no mais profundo dos abismos?" (Aliás, Schwartz modificou o texto, transferindo ao Mensageiro este cântico que é de certo modo o tema da peça. Na realidade, o mesmo deveria ser entoado pelos *batlonim*.) As cenas de massa, também apresentaram grandes deficiências. Além de cortadas e reduzidas ao mínimo, faltou-lhes a força demoníaca da miséria e o agudo sarcasmo da crítica social que são tensões dominantes deste quadro. Estes e outros senões, bem como a horrível "charanga", inaceitável e deslocada sob todos os pontos de vista, são frutos de uma encenação apressada e comercial.

Dizemos isto porque não alimentamos dúvidas quanto à capacidade do Sr. Schwartz. Mas tampouco duvidamos da impossibilidade dos milagres, mesmo com a intervenção de *O Dibuk* no palco... Se o Habima, a Troupe de Vilna e outras companhias necessitaram de vários meses para levar a interpretação ao ponto desejado, seria um rematado absurdo se exigíssemos o mesmo nível num conjunto que dispôs, no máximo, de uma semana de ensaios. Esta razão explica inclusive o cenário, o qual não passou de um amontoado de objetos no tablado, sem grande ligação útil ou artística com a peça. Na ribalta reinou uma profusão de panos, cores e luzes, que atentava contra a autêntica atmosfera do drama e até mesmo contra o bom gosto.

Tudo isto terá provavelmente motivos razoáveis. Podemos de antemão aceitá-los. Todavia, uma faceta imperdoável e de responsabilidade direta da direção, resulta dos cortes e deformações no texto. De um modo geral, não admitimos neste particular o livre-arbítrio do diretor, salvo por razões artísticas especialíssimas. A peça é uma realidade, em si, fechada e inviolável, pois dispõe de uma existência própria e de valores que independem da representação teatral. Por outro lado, o texto é o arcabouço e o conteúdo do espetáculo, enquanto o inverso não ocorre devido à autonomia literária da primeira. Assim, o encenador ao tocar na peça corre o risco de deturpar o espírito de sua própria criação, ou seja, o espetáculo. Foi o que aconteceu no *Dibuk*, onde o diretor tomou a liberdade de suprimir trechos, e personagens, ferindo até a estrutura da obra. Como exemplo do que afirmamos, poderíamos escolher, entre outros, a eliminação do *Rav* Sansão. A sua parte foi atribuída ao Mensageiro. O raciocínio foi o seguinte: o enviado é um elo entre os dois mundos; no julgamento entra um dos litigantes pertencente ao outro mundo; logo, ninguém melhor do que o Mensageiro para servir de porta-voz ao extinto Nissin *ben* Rivca. A idéia possuía ainda a vantagem de destacar mais a figura do Mensageiro, pela contínua movimentação cênica de um ator tão notável como Morris Schwartz. Mas, vejamos o que ocorreu: a supressão do *Rav* Sansão sobrecarregou o enviado, destruindo a sua condição de fator decisivo, que na sua sobriedade transcendental, encarna o presságio e o destino, o início e o desfecho das diferentes tensões e os conflitos dramáticos. A sua característica básica perdeu nitidez sob a carga espúria do *Rav* Sansão, o qual, na qualidade de rabino e portanto juiz, era o legítimo destinatário, mesmo em sonho, das queixas de Nissin *ben* Rivca!

Entretanto, resumindo as nossas impressões, devemos confessar que parte destas falhas foram compensadas não só pelo poder de atração desta obra-prima, mas também — e já o dissemos — pelo trabalho pessoal de Morris Schwartz e o desempenho de Kurlender. Ambos sustentaram a representação, — Schwartz com sua voz cheia de recursos, a sua máscara impressionante, a sua gesticulação adequada e o seu profundo conhecimento da arte teatral; Kurlender, com o seu domínio do papel, com o fervor religioso que soube infundir ao mesmo e com a sua integração artística no ambiente da peça. O público seguiu fascinado o desenrolar deste drama que após três décadas de vida teatral, continua tão novo, tão cheio de interesse e atração como no dia de sua estréia.

O DIBUK *
Sábato Magaldi

O Festival Internacional de Teatro de Paris reuniu, neste ano, numerosos conjuntos de valor, constando de seu programa desde uma homenagem a Brecht, ilustrada com *Galileu Galilei, Mãe Coragem* e *Ópera dos Três Vinténs*, até a encenação de *Titus Andronicus*, com Laurence Olivier e Vivien Leigh, *Long Day's Journey into Night*, com Frederic March e Florence Eldrige, e *Oreste*, com Vittorio Gassmann. A série de espetáculos iniciada em abril encerrou-se no dia 22 de julho findo com *O Dibuk*, última apresentação do famoso grupo Habima, de Tel-Aviv, durante a quinzena israelita no Sarah Bernhardt, denominado Teatro das Nações.

Só agora que J. Guinsburg nos deu sua tradução do original ídiche, editada em 1952, é que tivemos oportunidade de ler a "lenda dramática" de Sch. An-Ski, obra clássica do repertório judeu moderno. Não vamos esconder nossa admiração por ela (embora retardada), e nos servimos do pretexto de sua recente montagem para transmiti-la ao leitor.

O primeiro contato com *O Dibuk* desconcerta um pouco quem não participa do misterioso mundo de crenças ali encerrado. Informa o tradutor, no prefácio, que An-Ski idealizou o Museu Etnográfico Judaico e percorreu, em 1913, várias províncias russas, com uma Expedição destinada a recolher os tesouros do folclore israelita. Desse período surgiu, além de uma obra científica importante para a comunidade, *O Dibuk*, datada possivelmente

* Suplemento Literário de *O Estado de São Paulo*, 3 de agosto de 1957.

do início da Primeira Grande Guerra. Está a peça impregnada, assim, do misticismo religioso judeu, expresso em numerosas cenas que retratam costumes e contêm excepcional força dramática.

Achamo-nos em meio a símbolos, tradições folclóricas, crenças na comunicação com o mundo dos mortos, poderes superiores de guias espirituais — acervo milenar de um povo que busca na fidelidade ao passado a forma de preservação. Quando nos vemos diante de uma manifestação particular de grupos humanos, desconfiamos de que a apreciaríamos intelectualmente ou pelo sabor exótico. Em *O Dibuk*, sentimos que os valores transmissíveis são plenamente eficazes, sem necessidade de pródromos explicativos, permitindo que se lhe aplique a qualificação de obra-prima universal.

Na velha sinagoga de madeira, envolta em canto místico e povoada pelas histórias lendárias que os *batlonim* se contam, a ação presente vai aos poucos se introduzindo, para adquirir consistência terrena que se veicula em enredo. Sender, depois de recusar três noivos para a filha Lea, acerta finalmente o casamento. Ao comunicar no templo a notícia, um jovem — Hanã — cai, fulminado. Preparam-se as bodas e um *dibuk* — alma errante — penetra o corpo da noiva. Tenta-se exorcizá-lo, mas o *dibuk* se recusa a abandonar Lea. Na cerimônia, que a libertaria ou traria ao *dibuk* um anátema eterno, procura-se conhecer a razão daquela posse sobrenatural. Sender confessa que, sendo grande amigo do pai de Hanã, ajustara há muitos anos o enlace dos filhos, caso fossem homem e mulher. Morto o amigo, pobre o filho, revela-se que Sender preferiu não reconhecer-lhe a identidade, a fim de casar Lea com um rico. A vingança do morto vinha-lhe como castigo. Antes de completar-se o exorcismo, atrasando-se a chegada do noivo de agora, Lea se liberta do envólucro terreno e parte ao encontro de Hanã.

O leitor incauto poderia encerrar o texto entre as histórias que exigem adesão religiosa e, em nome de eventual racionalismo, não reconhecer-lhe a maravilhosa seiva poética. *O Dibuk* contém, com efeito, duas estruturas — uma profundamente banhada no folclore de crenças e outra que é simplesmente uma tragédia de amor, irrealizado na terra. Para os que pertencem aos cultos celebrados no entrecho ou apenas se formaram neles, a história deve enriquecer-se de vigor mítico, como tinham para os gregos antigos as representações dos trágicos. A obra, entretanto, não se confina a esse interesse. Nós, meros apreciadores "estéticos", somos subjugados pela vitalidade artística de *O Dibuk*.

Despida de sua roupagem religiosa (no caso, e profundamente legítima e válida essa visão do texto), a trama se coloca entre as mais belas histórias de amor. A idéia de predestinação amorosa não é nova nem privativa de um grupo e é ela, sem dúvida, que conduz os quatro atos. Hanã e Lea, por acordo dos pais, anterior ao seu nascimento, estavam fatalizados a unir-se. Não se trata naturalmente, de ligação fortuita, mas selada pelo desejo de maior estreitamento de dois amigos. Sobrevindo a quebra de compromisso, pela pequenez de interesses de Sender, as almas comprometidas, impossibilitadas de realizar o amor terreno, despregam-se para a união eterna. A circunstância de ter sido o casamento de Hanã e Lea contratado anteriormente pelos pais não rouba a idéia de fatalização amorosa que, apenas, se prende aqui aos costumes judaicos. Em nosso mundo, a predestinação poderia ser reconhecida num vínculo místico de dois seres quaisquer, como em *A Dama do Mar*, de Ibsen. *O Dibuk*, no plano natural, ilustra ainda a tese adversa aos casamentos por conveniência, contrariando as inclinações verdadeiras. No espírito do texto, o "outro mundo" não representa abdicação das prerrogativas humanas. A fuga ou "encontro" na morte, que seria para nós solução negativa, adquire no universo religioso da peça o estigma de um amor completo, que se purifica da transitoriedade terrena para alcançar a fixação eterna.

A figura de Hanã é das mais expressivas na galeria de amorosos. Vagou, sem cessar, pelo mundo, até um dia atingir a casa de Sender. Ali se posta, à espera da realização de seu amor. Confundido pelas longas caminhadas e pela recusa do pai de Lea, introduzem-se pensamentos heréticos em sua cosmogonia, prenunciando a qualidade futura de *dibuk*. Esses pensamentos têm toda a sedução das heresias gideanas, quando Hanã fala que "é preciso purgar o pecado de suas impurezas, para que nele reste apenas santidade..." e que "Satã é o nome do outro aspecto de Deus, Satã contém em si, necessariamente, santidade". Possuído de absoluto, Hanã morre instantaneamente ao saber que fora contratado o casamento de Lea com outro.

A heroína, também, está impregnada de extraordinária beleza. Conduzida a um casamento diferente de seus anseios, abriga no corpo a alma de Hanã, que fala pela sua boca. No diálogo com o morto, reconhece nele o vulto que sempre lhe aparecia em sonho. Não tem alternativa senão entregar-se a ele em união mística: "Volta para mim, meu noivo, meu esposo... Morta, eu te levarei em meu coração. Nos meus sonhos, embalaremos os filhos que não concebemos". Preside a peça, aliás, o "túmulo santo" em que foram enterrados juntos os noivos que se dirigiam para o pálio nupcial, quando os assassinou um chefe anti-semita.

Na encenação, a peça deve ganhar muito, pela riqueza dos contrastes e colorido das celebrações folclóricas. Imaginamos, por exemplo, o vigor das histórias narradas pelos *batlonim*, a cerimônia antenupcial, as danças e o julgamento de Sender, observando as práticas rituais. Parece-nos estranho, até, não ter sido tentada a montagem do texto entre nós, ainda mais que o papel de Lea é extremamente sedutor para uma atriz.

É possível que os admiradores da peça tenham recuado ante as dificuldades da encenação ou o temor de que, enraizada nas lendas judaicas, não seja capaz de se comunicar a nossa platéia. Mas quem não reconhecerá em *O Dibuk*, acima da religiosidade particular, o selo humano, profundamente humano?

A PROPÓSITO DA PEÇA *O DIBUK**
Décio de Almeida Prado

Penetramos no território de *O Dibuk* como um país estranho, do qual conhecêssemos a língua mas ignorássemos por completo a paisagem e os costumes. Não se trata dessa simples e ocasional sensação de *depaysement* que pode nos dar qualquer peça estrangeira, mas de uma diferença maior, de uma distância espiritual e mental. A originalidade da peça de Sch. An-Ski é desprezar o pitoresco, é ir além do mero realismo. O que ela nos propõe não é tanto um quadro da vida judaica na Rússia Imperial como uma incursão por entre os mitos, os arquétipos que formavam a mentalidade hassídica (seita judaica de forte cunho místico) em fins do século XIX. As idéias, não os fatos, são a matéria de que se entretece a sua singular realidade. O *Dibuk*, a possessão de uma pessoa viva por um morto, poderá não passar de uma superstição: para An-Ski, no entanto, constituirá a própria base dramática de sua peça, que se intitula "lenda dramática" exatamente por isso, por saber reconhecer o papel que a imaginação coletiva desempenha em certos povos. Nada melhor do que as crenças populares, em que o real se funde e se confunde com o irreal, para definir a fisionomia de um grupo humano tão embebido de sacralidade como o hassídico.

O mundo, para nós modernos, formados queiramos ou não sob o influxo da ciência, é um mecanismo sem mistério, um jogo automático de causas e efeitos que não nos inspira respeito ou temor. *O Dibuk* mergulha-nos re-

* Publicado em *O Estado de São Paulo*, abril de 1963.

pentinamente em outras épocas, defronta-nos com um universo vivo, impregnado de sentido moral, em que cada fato não é aquilo que aparenta, que os nossos olhos vêem, mas o signo de uma verdade transcendente. "Todas as coisas têm coração", observa o Mensageiro, figura também ela misteriosa, que percorre a ação como o arauto de Deus. Toda a atenção da inteligência, todo o esforço da sensibilidade, devem aplicar-se a esse árduo trabalho de decifração dos signos exteriores através do qual chegamos até o esquivo coração das coisas. Há, no entanto, duas pontes lançadas entre o visível e o invisível: o caminho seguro mas seco e estreito do *Talmud* e as terríveis tentações de poder sobre o Bem e o Mal representadas pela Cabala. É difícil dizer, nestas fronteiras imprecisas entre dogma e heresia, entre magia e religião, em que ponto exato intervém o apelo a Satã. Como em todas as épocas de fé intensa, salvação e perdição apresentam-se às vezes quase confundidas, dependendo a queda somente de um passo em falso. É a advertência que Henach faz a Hanã: "Tudo isso é verdade. Esqueces, porém, que ascender às alturas, nas asas do êxtase, é extremamente perigoso. A gente pode se extraviar e rolar para o abismo..."

Ora, nesta ordem precária, nesta via incerta que é a existência humana, em que cada um tem de encontrar a direção exata por sua conta e risco, uma injustiça foi cometida. Uma promessa de casamento, feita pelos pais dos futuros noivos, foi quebrada. Basta esta falha para que a tragédia se desencadeie. Hanã morrerá inconformado, o seu espírito rebelde encarnar-se-á em Lea, seguir-se-ão os exorcismos e a morte da moça, que irá se reunir a seu prometido por toda a eternidade. Parece ser o tema do amor mais forte do que a morte, porém, se observarmos melhor, a idéia primordial é outra, é a da reparação, do crime que brada aos céus, não se aplacando enquanto a harmonia moral não for restabelecida. A exemplo das tragédias gregas, o desfecho refere-se à própria ordem cósmica, dizendo respeito a um acerto de contas não apenas entre os homens mas também entre os homens e as forças superiores que os governam. O ponto de vista de An-Ski, como o de Ésquilo e Sófocles, é menos psicológico do que moral, ou mesmo metafísico. Não se trata de saber como o homem é mas que posição ocupa em relação ao universo. A diferença é que os gregos, melhores filósofos do que homens de religião, revelam em suas indagações um equilíbrio racional totalmente em contraste com a exaltação lírica, o fervor judaico, que é a nota mais bela de *O Dibuk*.

É curioso notar que dois motivos, dos mais poderosos no drama moderno, aparecem aqui timidamnete, subsidiariamente. O primeiro, já vimos, é o amor. Hanã e Lea pertencem um ao outro porque assim o juraram solenemente os seus pais. Mas há, de parte a parte, expresso com extraordinário pudor, um sentimento mais forte do que a simples predestinação religiosa. Hanã, ao enxergar a moça na Sinagoga, entoa o *Cântico dos Cânticos*, única saída não sacrílega para a emoção que o percorre da cabeça aos pés, envolvendo corpo e alma. E Lea, após a morte de Hanã, provoca a tragédia, indo ao cemitério e convidando o espírito de seu amado para assistir às suas bodas. Em nenhum momento ousa ela levantar a voz em protesto contra a decisão do pai, dando-lhe outro noivo, mas não temos a menor dúvida quanto à escolha do seu coração. O segundo motivo é o antagonismo entre ricos e pobres, que o marxismo inscreveu parece que em definitivo na consciência social do nosso século. Não somente é ele o tema central de alguns dos apólogos do Mensageiro e de suas disputas com os *batlonim*, como é a própria mola oculta do drama, já que Sender não dá sua filha a Hanã, conforme prometera, porque, no fundo, não deseja um genro pobre e sem destaque social. São motivos, ambos, o dinheiro e o amor, tão velhos quanto o próprio mundo, mas que poderiam parecer destoantes, no contexto da peça, se An-Ski não os mantivesse em segundo plano, subordinando-os a uma rígida hierarquia espiritual e religiosa.

O Dibuk está sendo apresentado pelo Teatro de Arte Israelita Brasileiro, reunindo um numeroso elenco amador sob a direção de Graça Melo. Em próxima crônica comentaremos o espetáculo.

SOBRE A ENCENAÇÃO DE *O DIBUK* PELO TAIB *

Décio de Almeida Prado

Vendo e ouvindo o espetáculo que Graça Melo dirigiu para o Teatro de Arte Israelita Brasileiro tivemos por vezes a curiosa sensação de estar presenciando um duplo *dibuk*, como se também os intérpretes, e não somente uma das personagens, estivessem possuídos por um espírito: no caso dos atores, o espírito de Os Comediantes. O ritmo lento, hierático, os cenários delineados apenas em silhueta, com o aproveitamento do fosso da orquestra para entrada e saída em cena, e até as inflexões e a tonalidade da voz, irreais, longínquas, prolongando artificialmente as sílabas ("Eelee fooi atiingiiidoo") para carregar a atmosfera de teatralidade, fizeram voltar insistentemente à nossa memória peças como *Desejo, Peleas e Melisande, Vestido de Noiva,* que marcaram o ponto de partida da renovação do nosso teatro. Vinte anos já se passaram desde então e acreditamos que os encenadores mais jovens, influenciados pelas idéias do chamado teatro popular, teriam preferido a esse formalismo ainda quase expressionista uma comunicação mais viva e direta com a platéia. De fato, a direção de Graça Melo, embora cuidada e coerente, tem o defeito de privar a peça de suas raízes terrenas. *O Dibuk* é uma lenda e nessa qualidade tem de ser encarado. O próprio Vakhtangov, que dirigiu em 1918 a famosíssima versão do Habima, dando projeção internacional ao texto de Sch. An-Ski, dizia que era preciso manter a representação ao menos meio metro acima do solo. Esta sobrenaturalidade, entretanto, não

* Artigo publicado em *O Estado de São Palo*, 1.º de maio, de 1963.

deve entrar em choque e anular a realidade comum porque se há alguma coisa que a peça não faz é distinguir entre o sagrado e o profano. A religião, para as comunidades hassídicas, permeia e colore todos os aspectos da vida social, não sendo concebida como uma atividade específica e marginal. A sinagoga não é unicamente a igreja, mas o lugar de conversa, o ponto obrigatório de reunião. É à sua sombra que se congregam os *batlonim* desocupados para contar e ouvir histórias maravilhosas de "rabis" dotados de poderes sobrenaturais, como, em circunstâncias e meios diversos, poderiam reunir-se simplesmente para comentar a vida alheia: até a preguiça assume aqui formas religiosas, desenvolvendo-se sob a capa e a proteção da igreja, e sem que haja hipocrisia ou quebra de sinceridade. O sobrenatural, na concepção hassídica, não é um domínio à parte, mas uma dimensão, diríamos normal, da existência diária. Se os mortos são convidados para participar das festas de casamento ou convocados para comparecer perante tribunais terrestres, não há no fato nada que cause espanto, como não há, nas fábulas de La Fontaine, surpresa alguma porque os animais falam.

Graça Melo poderia ter infundido, portanto, maior naturalidade e materialidade à representação, fazer com que as pessoas falassem e agissem de maneira mais próxima de nós, sem com isso trair nem a transposição artística nem a transfiguração mística, ambos essenciais ao espetáculo. O segredo das grandes encenações, de resto, é exatamente esse, de não escolher uma entre várias versões unilaterais da obra, aceitando-a em toda sua variedade e complexidade.

Quanto aos intérpretes, sofreram eles a dificuldade que todo ator não profissional sente em face da estilização. O que o amador tem a oferecer de melhor, ninguém o ignora, é a capacidade de se comover como pessoa humana, se não ainda como artista. Ora, o ponto de vista adotado por Graça Melo coibiu-os por esse lado, obrigando-os a um trabalho de composição física e moral, atualmente ainda acima de suas possibilidades técnicas. Os atores do Teatro de Arte Israelita Brasileiro perderam em parte a espontaneidade, sem conseguir, por outro lado, justificar artisticamente, pelos resultados, o artificialismo dos meios empregados. Fizeram um enorme esforço coletivo, que lhes servirá provavelmente de preciosa lição, mas sem ascender ao altíssimo nível que lhes foi proposto sucessivamente pelo texto e pela encenação. Daí uma certa monotonia da representação, uma certa opacidade, atravessada às vezes pelo fulgor lírico do texto, que chega a nós intermitentemente, através de clarões fugidios. Entrevê-se a obra-prima, que *O Dibuk* é, mas sem chegar ao prazer dos sentidos e do pensamento que uma peça rica como essa deveria nos proporcionar. Mária Quadros Malta, como Lea, é a única que nos parece ter realizado o que pretendia Graça Melo, comovendo-nos tanto nas partes líricas como nas dramáticas. Bem abaixo dela, mas em nível aceitável, colocaríamos José Serber, José Mandel (em suas duas interpretações), Silvio Band, Boris Cipcus e Rafael Golombek, os três últimos, todavia, bastante amarrados pelo estatismo que a direção atribui à vida interior e à espiritualidade.

Mas não percamos a perspectiva por excesso de severidade: é preciso não esquecer que montar *O Dibuk*, em qualquer circunstância, com amadores ou mesmo com profissionais, seria sempre empresa das mais arriscadas. Graça Melo e o Teatro de Arte Israelita Brasileiro tiveram a coragem de jogar — e não se pode dizer propriamente que hajam perdido.

UM *DIBUK* NAS ASAS DO ABSOLUTO
J. Guinsburg

Volta à cena o texto de Sch. An-Ski. Desta vez, numa adaptação para dois atores, que contam e interpretam alguns dos principais momentos desta "lenda dramática", originalmente em 4 atos, com 24 personagens nomeadas, afora todo um rol de "Convidados", e pelo menos três mudanças de cenário, na previsão do autor. Bruce Myers, o adaptador, transformou, como se vê, uma larga composição, num entrecho de câmara. E pelo menos, a julgar pelos resultados cênicos obtidos por Iacov Hillel e seu grupo (Isa Kopelman e George Schlesinger), não se poderá dizer que o adaptador tenha sido canhestro na costura que realizou, mesmo se se levar em conta que houve distorções e perdas sensíveis de fundo e forma, as quais nada têm a ver — vale reiterar — com as boas qualidades da interpretação e da direção. Mas justamente por isso surge a pergunta: o que é que conserva de pé, apesar de tudo, este resumo, este esboço do poderoso drama? Não encontro outra resposta senão a própria força de *O Dibuk*.

Todo extático é o clima desta peça, misto de drama amoroso e mistério religioso. Trata-se do amor entre dois jovens, no ambiente tradicional e hassídico da vida judaica no *schtetl* (cidadezinha) da Europa Oriental. A união de Lea e Hanã, decidida desde o nascimento por um pacto firmado entre os pais, ardentemente desejada por ambos os jovens, selada por assim dizer pela bênção dos céus, é obstada por Sender, pai de Lea. No orgulho e na vaidade da riqueza que amealhara ulteriormente, ele busca para a filha um partido condigno, isto é, segundo a escala de valores daquela sociedade, um noivo que pela estirpe, saber talmúdico ou fortuna estivesse à sua altura. Ao encontrar aparentemente o que procura e contratar o casamento de Lea, sem consultá-la, como era o costume, Sender quebra o compromisso assumido com o seu antigo condiscípulo e amigo, o falecido Nissin *ben* Rivca, pai de Hanã. Do destino contrariado, emana o conflito trágico. Pois Hanã tenta influir na marcha das coisas, obter "dois barris de ducados... para aquele que só sabe contar ducados...", por meios proibidos, do ponto de vista da ortodoxia rabínica, por vias cabalísticas, e morre nos abismos de sua tentativa, apossando-se, porém, como alma errante (*dibuk*), do corpo de sua amada, no momento em que são celebradas as núpcias de Lea com o noivo imposto por Sender.

Lea é então conduzida à presença de um poderoso *tzadik* ("justo", mestre e rabi hassídico), de um Eu com "forças junto aos altos mundos", que consegue exorcismar o espírito aninhado na donzela e expulsá-lo de seu último refúgio terreno. Mas ninguém poderia separar o que devia estar unido. O desafio ao *fatum* ou à vontade do Alto tinha de ser tragicamente expiado, e o *dibuk* abandona o corpo da amada para voltar à sua alma. Lea reúne-se, "para a eternidade", a seu noivo predestinado.

Escrita originalmente em duas versões, uma ídiche e outra russa, a peça foi submetida a Stanislavski, que a apreciou muito, resolvendo mesmo montá-la no Primeiro Estúdio, sob a direção de Sulerjitzki. Entretanto, dadas as dificuldades que seus atores tiveram para penetrar no "interior" do drama judeu e em consonância com o seu ideário estético e teatral que exigia a revivescência "autêntica", a mais "natural" possível, não só ao nível do desempenho das ações individuais da personagem, mas também ao dos elementos e da tessitura da atmosfera e do "meio", o grande encenador russo abandonou o seu intento inicial, julgando que uma obra tão entranhada na existência de um dado grupo nacional só poderia ser captada, em seu cerne e em suas inflexões mais orgânicas, por atores e diretores saídos do mesmo contexto etno-cultural. Destarte, somente intérpretes judeus, nutridos no solo da tipicidade ídiche e hassídica, seriam capazes de reencarnar no palco, "representar", com maior identificação e "verdade" artística, o modo de vida e o espírito das tradições dramaticamente inscritas em *O Dibuk*. Aliás, não foi por outra razão que, mais tarde, quando procurado pelo então recém-formado grupo teatral do Habima ("O Palco"), recomendou a peça de An-Ski como um item de repertório que iria ao encontro das aspirações artístico--nacionais da companhia e indicou para dirigi-la um dos mais talentosos encenadores formados sob a sua égide, Vakhtangov, que tinha a vantagem de ser armênio, isto é, oriental, portanto um *régisseur* (denominação russa para diretor teatral) mais sensível por afinidade de raiz — na perspectiva de Stanislavski — à atmosfera e ao universo humano de *O Dibuk*.

Contudo, a estréia do drama deu-se em ídiche, ocorrendo em 1920. Coube ao que seria mais tarde, e em boa parte fruto desta montagem, a famosa Vilner Troupe (Troupe de Vilna) apresentá-la, sob a direção de David Herman, no Teatro Eliseu de Varsóvia. An-Ski não chegou a ver em cena o texto que ele próprio tornara a traduzir da versão hebraica de Bialik, para o ídiche (parece que perdera durante a guerra o primeiro original), a fim de ser montado pelo jovem elenco, pois entrementes veio a falecer. O êxito foi estrondoso e pode-se dizer literalmente que o evento marcou época no movimento teatral judeu, na medida em que assinalava de forma inequívoca não só o aparecimento de uma obra excepcional de dramaturgia e de um estilo atualizado de trabalho teatral no palco ídiche, como o advento de um novo período na evolução da cena judaica, a que se poderia chamar de propriamente moderno.

Um ano depois desta estréia, Morris Schwartz encenou a peça no seu Teatro Ídiche de Arte de New York e, já em 1922, Vakhtangov produzia, pela transposição hebraica feita em 1918 por H. N. Bialik, com os comediantes do Habima de Moscou, música de Ioel Engel e cenografia de Natan Altman, o espetáculo que se tornaria um capítulo à parte na história do teatro contemporâneo e de suas realizações de vanguarda.

Mas *O Dibuk* não foi visto apenas em ídiche e hebraico. Se a Vilner Troupe e, mais ainda, o Habima atraíram numerosos espectadores não-judeus em toda a Europa e a América, o drama de An-Ski conheceu também muitas encenações em outras línguas. Em 1925-26, o público nova-iorquino pôde assistir, na Neighborhood Playhouse, a peça em inglês, dirigida por David Vardi, antigo membro do elenco do Habima. A apresentação foi considerada pela crítica americana como um ponto alto daquela temporada, tendo sido levada, em *tournée*, às principais cidades dos Estados Unidos. Em 1930, no palco do Théâtre Montparnasse, Gaston Baty ofereceu uma nova variante de *O Dibuk*, montando-o em francês com Marguerite Jamois no papel de Lea — desempenho que mereceu uma apreciação altamente favorável de Artaud, que tinha especial interesse pelo drama de An-Ski. De todo modo, o espetáculo concebido por Baty obteve sucesso, como registra Nina Gourfinkel, no prefácio à sua tradução do texto, citando extratos da imprensa da época, um dos quais se expressa assim: "(Nesta peça) importada de Moscou, Gaston Baty encontrou uma das mais felizes manifestações de seus talentos cênicos e nos permitiu aplaudir uma das obras dramáticas mais originais destes últimos vinte anos" (*Le Quotidien*, 21-12-1930). Transposto também para o polonês, sueco, búlgaro, ucraniano, sérvio, espanhol e outros idiomas, *O Dibuk* foi encenado em todas estas línguas. Sua primeira publicação em português verificou-se em 1952, sendo montado em 1963 pela Associação da Caixa Econômica Federal de São Paulo em conjunto com o grupo cênico do Instituto Cultural Israelita Brasileiro de S. Paulo, sob a direção de Graça Melo.

Afora as representações pelo teatro profissional e por diferentes grupos universitários americanos, *O Dibuk* já foi exibido na televisão de vários países, inclusive no Brasil, pela TV-Globo, em duas ocasiões, despertando, mesmo neste novo meio de comunicação, um interesse invulgar. Serviu de tema para um filme ídiche, produzido na Polônia, em 1937, dirigido por Michel Waszynsky, e outro hebraico, rodado em 1968, por Friedman. Inspirou ainda uma opéra a Ludovico Rocco, cuja criação foi apresentada no Scala de Milão, e outra a Michael White, encenada em Seattle, em 1963. George Gershwin considerou também seriamente a possibilidade de musicar o fascinante poema dramático de An-Ski.

No palco, todavia, além de mais de 1000 apresentações (até 1978) pelo Habima, *O Dibuk* vem sendo objeto, nos últimos anos, de sucessivas remontagens. André Villiers encenou a peça em Paris, em abril de 1977, Jô Chaikin, em New York em dezembro de 1977, e Bruce

Myers, no Centre Pompidou de Paris, depois em Avignon e outras cidades européias, conseguiu atrair o interesse de numeroso auditório para *Um Dibuk para Duas Pessoas*, texto que ora é mostrado à platéia paulistana por Iacov Hillel.

É este contínuo ressurgir para a vida do palco, perante públicos tão diversificados e há mais de meio século, que suscita a indagação sobre o sentido que uma peça tão singular, à primeira vista tão exoticamente remota ao homem e às preocupações da atualidade, pode ter hoje em dia. O mundo que An-Ski quis preservar, como etnógrafo apaixonado pelo universo do judeu da Europa Oriental e de suas tradições, desapareceu. Tornou-se cinzas do Holocausto. Dele restou pouquíssima coisa que ainda lateja. Talvez o rico legado da literatura ídiche, que continua a criar através da pena de um Baschevis Singer, ou a fé religiosa de alguns grupos hassídicos ou neo-hassídicos, que procuram preservar a integridade de seu judaísmo. Mas não é deles que *O Dibuk* fala, assim como não é especificamente da sociologia nem da história do *schtetl*. Tampouco se poderá procurar a sua potência vital no interesse que o mundo de nossos dias dedica às forças psíquicas, à esfera do subconsciente e aos mergulhos nos psiquismos profundos que a temática dibukiana de possessão endemoninhada, invocação das potências artaudianas do transcendente e de uma metafísica da reencarnação, enseja. Será necessário voltar novamente — creio eu — à pura leitura poética e trágica para compreender-se como este pássaro de fogo do *daimon* dramático logra renascer cada vez de sua mortalha histórica e elevar-se diante de nós espectadores possuídos por seu sopro misterioso de teatralidade, nas asas do absoluto...

SENSIBILIDADE E PAIXÃO
NO FANTÁSTICO *DIBUK**

Jefferson Del Rios

O espetáculo *Um Dibuk para Duas Pessoas* apresenta uma importante variante da função teatral: além de envolver o espectador com determinado fato/enredo, e isto é o teatro puro e simples, leva-o a uma curiosidade intensa sobre este mesmo fato e o desejo de conhecê-lo mais, fora de cena. No caso, trata-se do imenso universo místico judaico.

O texto em cartaz, uma adaptação para dois atores de *O Dibuk*, de An-Ski, obra-prima da arte cênica, com mais de vinte personagens, é a versão ultra-sintética de uma história de amor contrariado: o par romântico se desfaz porque o pai da moça contrata outro casamento por interesse financeiro. Esta paixão contrariada e dilacerante acabará em morte. Até aqui, tudo dentro de uma certa tradição romântica ocidental, o que já não seria pouco uma vez que se trata de obra construída com excepcional densidade poética.

Mas o fantástico de *Um Dibuk* é a sua riqueza religiosa e sócio-cultural. A trágica banalização do conflito árabe-judaico faz esquecer a grandeza mais verdadeira e mais profunda destes povos. E An-Ski (pseudônimo de Shloimo Rapoport, 1863-1920) fala de um judaísmo místico que teve uma das suas fortes vertentes no movimento chamado hassidismo, que, fundado por Israel Baal Schem Tov, espraiou-se no século XVIII pela Europa Oriental. Anatol Rosenfeld, em ensaio publicado em 1965, no lançamento da peça pela Editora Brasiliense, observava que o hassidismo exprime, em termos religiosos, um veemente

---

* *Folha de São Paulo*, 28 de julho de 1983.

protesto social das massas judaicas, dos guetos do Leste europeu, principalmente da Polônia.

A obra de An-Ski tem a abrangência anotada pelo ensaísta e, na sua parte romanesca, no enredo, aproxima-se da colorida e misteriosa literatura de Issac Bashevis Singer, felizmente, traduzido no Brasil, e com sucesso. Já o espetáculo de Iacov Hillel, baseado numa adaptação de *O Dibuk* por Bruce Myers, parece buscar o efeito plástico da pintura (talvez do também judeu Marc Chagall) e a delicadeza musical de uma sonata. Dois intérpretes de origem judaica, George Schlesinger, completamente assumido e apaixonado enquanto artista e personagem, e Isa Kopelman mais cerebral e, quem sabe, cética face ao entrecho, recontam e refazem a velha e fascinante canção de amor. Espetáculo muito bonito, sensível, culturalmente importante na atual temporada.

Em cartaz no TBC graças à inquietação do brasileiro de origem, árabe Antônio Abujamra, diretor do teatro. Será apenas sentimentalismo registrar o fato?

GLOSSÁRIO

BALEBATIM: lit. donos de casa. Burgueses. Nome pelo qual eram designados os comerciantes e pessoas abastadas das cidadezinhas judaicas da Europa Oriental.

BAT: filha.

BATLAN (pl. *batlanim*, pronuncia-se, em ídiche, *batlonim*): indolente, mandrião; o termo designa uma classe de indivíduos que existiu nos guetos; dedicavam-se unicamente aos estudos e às orações, viviam da caridade coletiva e desligados da vida prática.

BEN: filho.

BIMA: púlpito, palco, plataforma; nome da mesa sobre a qual se lê a *Torá* na sinagoga; em ídiche a *bima* chama-se também *almemer*, *belemer* etc.

CABALA: recepção, tradição. Denominação dada ao conjunto das doutrinas místicas judaicas. Na sua forma restrita, designa o sistema místico-filosófico que teve a sua origem na Espanha, século XIII, e cuja influência na vida judaica foi das mais acentuadas. A Cabala divide-se em: teórica (*iunit*) e prática (*maassit*); a primeira, calcada em bases neoplatônicas, dedica-se ao estudo da Divindade, suas emanações e a criação; a segunda, procura aplicar as forças ocultas na vida terrena.

CADISCH: santo. Originalmente, um hino aramaico em louvor à Divindade, entoado após certas orações. Mais tarde, passou a designar, também, a prece pelos mortos, que os filhos varões maiores de treze anos pronunciam em memória dos pais e parentes próximos.

DIBUK: juntado, reunido, espírito mau. Nome que designa, no folclore judaico, as almas errantes ou penadas. Segundo a crença popular, o *dibuk* pode penetrar um ser humano, falando através deste com a voz daquele em cujo corpo vivera e tendo consciência de tudo que o morto sabia.

FILACTÉRIOS: ver *tfilin*.

GABAI: arrecadador de dinheiro, tesoureiro. Denominação dada outrora aos coletores de impostos, mais tarde aos dirigentes das sinagogas e casas de estudo. No tempo de *Hassidismo*, era o título do superintendente da corte rabínira.

GOLEM: corpo informe, embrião, autômato. Gigante de bairro, do folclore judaico, cuja criação era atribuída a rabis e cabalistas famosos.

HABIMA (O Palco): um dos maiores conjuntos teatrais hebreus; fundado em Moscou em 1917, transferiu-se para a Palestina em 1928.

HASCALÁ (em ídiche *Haskole*): a inteligência, a razão, o iluminismo. Designa o grande movimento de renovação do judaísmo iniciado em meados do século XVIII, na Alemanha, sob a direção de Mendelsson e que, no século XIX, atingiu as comunidades da Europa Oriental.

HASSID (pl. *hassidim*): pio, beato, adepto do Hassidismo.

HASSIDISMO: movimento religioso de grande significação na história dos judeus da Europa Oriental, fundado por Israel Baal Schem Tov, no século XVIII. O termo designa, também, vários grupos e correntes pietistas que aparecem na vida judaica desde o período anterior ao levante dos Macabeus, até a época acima citada.

HEDER: quarto, câmara. A partir do século XVI, denomina a escola primária, onde os meninos judeus eram iniciados nos rudimentos da língua e da religião hebraica.

IOM KIPUR: dia da expiação, do perdão. O último dos Dias Temíveis que começam com o Ano Novo; celebra-se no 10.º dia do mês judaico de *Tischri*; desde a véspera até o cair da noite de *Iom Kipur*, os fiéis jejuam e rezam, expiando os pecados cometidos durante o ano.

IESCHIVÁ, em ídiche *ieschiva* ou *ischive*: sessão. Escola ou seminário onde se ministrava o ensino superior judaico, figurando, o *Talmud* e a legislação rabínica em geral como as principais matérias.

LIVRO DE ROZIEL: obra mística atribuída ao anjo Roziel, contém fórmulas e combinações cabalísticas.

MINIAN: quórum. Conjunto de 10 homens, maiores de 13 anos, indispensáveis à realização de quaisquer ritos públicos da religião judaica.

PARDES: pomar, jardim, paraíso. Os cabalistas resumiam nas letras P, R, D e S, os quatro métodos de interpretação das Escrituras: *Peschat* (exegese literal), *Remez* (exegese alusiva ou esotérica), *Derusch* (sentido homilético), *Sod* (sentido secreto ou alegórico).

PEIOT (em ídiche, *peies*): extremidades. Cachos laterais de cabelos usados pelos judeus devotos.

PESSACH: Páscoa. Nome da festividade judaica que se inicia no 15.º dia do mês de *Nissan*. Durante oito dias (sete em Israel)

GLOSSÁRIO

os judeus comem o pão ázimo. No primeiro e segundo dia realizam o *Seder*. A festa comemora a saída de Israel do Egito.

RABI: meu mestre. Título dado, especialmente pelos *hassidim*, aos guias espirituais da comunidade.

RAV: mestre, chefe, rabino; o líder da comunidade religiosa. O *rav* ensina a lei e preside o tribunal judaico, cuidando da aplicação de suas decisões. O rabi era em geral o guia espiritual do grupo local de *hassidim*, ao passo que o *rav* exercia funções quase oficiais. O seu posto era vitalício e dependia, às vezes, de confirmação governamental. Em alguns casos o rabi também era o *rav* da cidade.

REB: senhor. Forma habitual de tratamento, em ídiche.

SCHEBARIM: ver *schofar*.

SCHOFAR: corno, chifre. A trombeta de chifre que se toca na sinagoga, principalmente por ocasião do Ano Novo judaico. Os toques rituais do *schofar* são: *Tekiá, Schebarim* e *Teruá*.

SEDER: ordem; a refeição festiva e as cerimônias domésticas do primeiro e segundo dia de *Pessach*.

SIMKHAT TORÁ (em ídiche *Simkhes Toire*): alegria, regozijo com a *Torá*. Comemoração que se realiza no nono dia (oitavo em Israel) de *Sucot*, Tabernáculos. Nesse dia, os rolos da *Torá* são retirados da Arca, organizando-se na sinagoga um cortejo de fiéis que cantam e dançam em louvor à Lei.

TALIT: (em ídiche: *tales*): um xale retangular, com franjas nas extremidades, usado pelos judeus nas suas orações.

TALMUD (forma aportuguesada, Talmude): o mais famoso livro judeu, depois da Bíblia. É uma compilação de leis e discussões sobre a *Torá*, e uma espécie de enciclopédia da vida judaica, desde o IV século da era cristã.

TEKIÁ: ver *Schofar*.

TERUÁ: idem.

TFILIN (em ídiche: *tfilen*) (filactérios): cubos de couro, contendo inscrições em pergaminho de textos das Escrituras, que os judeus prendem com estreitas tiras, também de couro, enrolando-as no braço esquerdo e na cabeça. São usados principalmente nas preces matutinas, exceto nos sábados, dias de festa em *Tischa b'ab*. Os *tfilin*, simbolizam o convênio entre Deus e Israel.

TISCHA B'AB: o Nono Dia de Ab. Um dia de jejum e lamentação pela destruição do Primeiro e Segundo Templos.

TORÁ: ensinamento, lei. Designa ora a Bíblia, ora todo o código cívico-religioso dos judeus, constituído pela Bíblia e pelo *Talmud*.

TRINTA E SEIS JUSTOS: os trinta e seis santos que, segundo a crença hassídica, sustentam o universo com a força de sua piedade.

TZADIK (pl. *tzadikim*): justo, santo. Título concedido aos judeus que se distinguem por sua devoção e especialmente aos rabis hassídicos.

XALE SAGRADO: ver *talit*.

Lea (Hanna Rovina). Cena sobre a *bima*.

nā (Mirian Elias).

Lea (Hanna Rovina).

Marguerite Jamois no papel de Lea. Direção de Gaston Baty, 1928, **1930-31**.

O *tzadik* Azriel. Num desenho de Nathan Altman.

O Mensageiro. Desenho de Nathan Altman.

Mendiga.

O Mensageiro representado por Prudkin.

O *tzadik* representado por Nahum Zemach e Mikhal Tzvi Friedlander (Ato III).

Sender representado por Samuel Rudensky, cercado pelos *hassidim*. Habima, 1957.

Os três *batlonin*: Weislitz, Gelaso e Morevski.

A mesa dos *batlonin*, com uma iluminação rembrandtiana. Encenação de Gaston Baty. Paris, 1928-30. Ato I.

O corpo de Hanã é descoberto, estando o mensageiro no centro. Fim do Ato I.

À direita, junto à estante, Hanã ouve a notícia de que o casamento de Lea com Menasche foi ajustado por Sender (que está sentado). Os *batlonin* incitam Ascher (extrema esquerda) para que arrume algo para celebrar o acontecimento.

"Louvado seja o íntegro juiz". O mensageiro diante do corpo de Lea (fim do Ato IV).

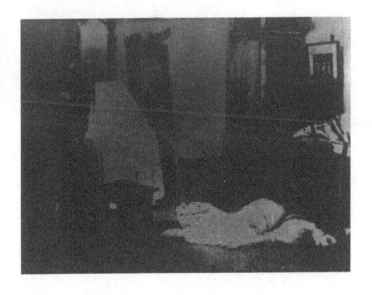

Celebração dos *Hassidim*. Desenho de Ernst Stern para o Ato I, a partir de uma representação do Habima na Alemanha.

Cenário expressionista de Aline Bernstein, Ato II, para a encenação de David Vardi em New York.

A praça de Brínitze na cenografia de Grandi para a ópera de Lodovico Rocca, apresentada pelo Scala de Milão.

Encenação brasileira de *O Dibuk*, dirigida por Graça Mello, TAIB, São Paulo, 1963.

José Mandel (*Meier*), Carlos Henrique Silva (2.º *batlan*), Marcus Toledo (1.º *batlan*), Marcos Gawenda (3.º *batlan*). Ato I.

Marcos Gawenda (3.° *hassid*), Moysés Leiner (2.° *hassid*), Rafael Golombeck (*Rabi Azriel*), Marcus Toledo (1.° *hassid*) e Henrique Rosemberg (4.° *hassid*). Ato II.

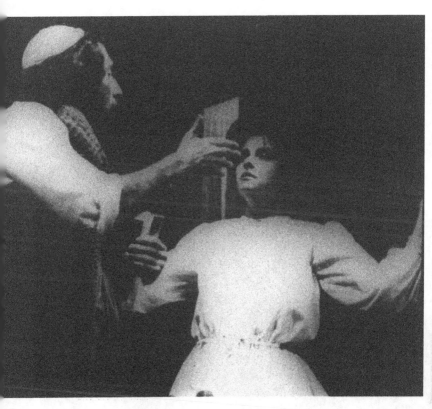
Isa Kopelman e George Schlesinger.

Lea-*dibuk* resiste ao exorcismo...

Este livro foi impresso na cidade de
Cotia, nas oficinas da Meta Brasil,
para a Editora Perspectiva.